Office we love.

'사무환경이 문화를 만든다'에 사용된 데이터는 *퍼시스 공간데이터베이스나 **퍼시스 e-survey를 이용한 퍼시스의 독자적인 연구 자료입니다. 자료의 저작권은 퍼시스에 있으며 해당 내용은 퍼시스의 동의 없이 사용할 수 없습니다.

*퍼시스 공간데이터베이스

사무환경의 변화를 숫자로 확인할 수 있는 국내 유일의 오피스 데이터베이스다. 기업에 실제로 제안된 도면을 토대로 오피스의 면적이나 인원, 업무 공간 레이아웃이나 회의실, 휴게실 등 주요 공간 프로그램의 면적과 같은 사무환경 관련 정보와 기업의 업종, 위치, 연도와 같은 기업 정보가 입력되어 있다. 2001년부터 약 600개에 달하는 도면을 모집단으로 삼고 있으며 매년 신규 도면을 수집하여 데이터베이스 업데이트를 진행한다. 퍼시스는 공간 데이터베이스의 내용을 활용하여 '연도별 회의실의 변화'와 같은 사무환경 연구 자료를 제작하여 퍼시스 매거진 'office we love'나 사무환경 세미나를 통해 발표하고 있다.

**퍼시스 e-survey

국내 유일의 사무환경 전문 설문 프로그램으로 퍼시스와 영국 Surrey University 심리학과 연구진과의 공동 연구를 통해 개발되었다. 업무 만족도, 사무환경 만족도, 커뮤니케이션, 사무 가구, 공간계획에 대한 문항으로 구성되어 있으며, 2009년부터 6,000명이 넘는 사람이 e-survey에 응답하였다. 퍼시스는 e-survey를 활용하여 기업의 업무·조직 만족도WOPM와 사무환경 만족도WSM를 도출하여 사무환경 컨설팅에 활용하고 있다.

사무환경
디자인의 시작

퍼시스 저

목훈문화사

추천사

학술적 연구에 의하면 사무환경은 조직 구성원의 업무 열의와 생산성에 큰 영향을 주고 구성원 간의 소통과 협력 관계에 상당한 영향을 미치는 것으로 나타나고 있다. 조직의 혁신역량을 높이고 조직 내 소통을 원활하게 하려면 조직문화를 개선해야 하는데, 조직의 목표에 맞는 사무환경의 개선은 조직문화를 개선해가는 데 중요한 첫걸음이 될 수 있다. 이 책은 사무환경 개선을 통해 새로운 조직문화를 만들고자 하는 분들에게 새로운 시각과 통찰력을 제공하는 유용한 지침이 되리라 생각한다.

김성수 서울대학교 경영대학 교수

스마트 워크 연구회 활동과 대학에서 취업 지원 업무를 하며 요즘 직장인들은 자신이 살아가는 환경과 공간에 가치를 부여함을 알게 되었다. 매력적인 업무 환경을 제공하는 것에서 사람다운 배려를 체감하기 때문이다.

공허하게 들리는 GPTW Great Place to Work 구호보다는 인간 중심의 공간과 인체공학적 배려가 담긴 사무환경이 경쟁력 있는 인재를 불러 모을 것이고 사무환경의 변화를 통하여 소통을 이루고 권위주의가 배제된 직무 중심의 효율적인 업무 시스템이 갖추어질 것이라는 굳은 믿음이 있다.

사무 가구를 전문으로 하는 기업 전문가들의 고뇌에 찬 경험들을 압축한 책이 나오게 되어 반갑다. 변화를 고민하는 경영자와 혁신을 추구하는 관리자들의 일독을 권한다. 경영자의 혁신 의도는 인간 중심적 공간 재배치와 사무환경의 제공을 통하여 직원들에게 전달된다는 것에 얼마간의 확신을 보탠다.

박원용 중앙대학교 인재개발원장

어릴 적에는 내 방을 갖고 싶었다. 시험을 보기 전에는 책상부터 정리하곤 했다. 그러다 보면 정작 공부할 시간은 얼마 없었다. 왜 내 방을 갖고 싶어 했고, 시험을 보기 전에 책상을 정리했던 것일까? 구체적으로 말할 수는 없지만, 공간이 주는 큰 가치가 있기 때문일 것이다. 공간의 가치를 아는 독일, 네덜란드, 영국, 미국, 일본 등 선진국은 사무환경의 변화를 시도하였고, 사무환경과 건강, 행복, 업무성과 등의 연관 관계도 지속해서 연구하고 있다. 애플, 구글, 페이스북 등 민간기업도 사무환경의 혁신이 기업의 창의성과 혁신을 끌어낸다는 것을 알고 있다. 그래서 그들의 사무환경은 세계 최고 수준일 수밖에 없다.

일하는 방식의 변화에 대하여 10여 년간 연구하고 있다. 급변하는 시대에 모든 조직이 변화를 시도하고 있지만 어떻게 변해야 할지를 잘 모르는 것 같다. 이 책은 사무환경이 주는 가치와 사무환경이 어떻게 변화해야 하는지에 대한 수십 년간의 실체적 노하우를 제공하고 있다. 4차 산업혁명 시대와 지능정보사회에서 조직의 변화를 시도한다면 우선 사무환경을 바꿔 보라고 권하고 싶다. 미래사회의 성장동력은 소통, 협업, 세렌디피티이며 사무환경의 변화가 그런 요소를 조직 내에 시나브로 심어줄 것이다. 성장하는 조직과 행복한 구성원이 함께할 수 있는 사무환경을 원한다면 이 책과 함께 만들어 보시길 바란다.

조용탁 한국정보화진흥원 수석연구원

오랫동안 좋은 오피스를 만들기 위해 제품개발에서부터 공간구성에 이르기까지 다각적으로 고민해온 퍼시스는 그동안의 경험과 축적된 데이터를 모아 더 좋은 오피스를 만들기 위한 방안을 제안하고 있다. 시대의 흐름 속에서 변화하는 일하는 방식을 반영해야 하지만, 또한 오피스 근무자들의 변하지 않는 욕구를 이해해야 하는 오피스 계획에 대해 논의하고 있다. 경영진에게는 업무 생산성 측면에서 유리하면서도, 직원들에게는 일 잘되게 해주는 좋은 오피스가 무엇인지를 체계적으로 정리해주는 책이다. 업무 공간을 조성에 대해 고민하는 대한민국의 모든 기업에 이 책을 추천한다.

하미경 연세대학교 실내건축학과 교수

언제 어디에서든지 일 할 수 있는 오늘날의 사무환경은 팀워크를 활발하게 만들어 높은 성과를 창출할 수 있는 공간으로 변화해야 한다. 앞으로 사무환경은 기업의 다양한 프로젝트 활동을 진행하는 데 적합해야 하며 개인의 집중과 휴식에도 불편함이 없어야 한다. 앞으로도 사무환경은 직원들에게 꼭 맞는 유연한 시스템과 공간으로 계속 발전해야 할 것이다.

스티븐 마이어 겐슬러 수석 디자이너
Steven Meier, Product Design Director, Gensler

우리는 다양한 변화와 도전을 마주하며 살아가고 있다. "업무" 속에서도 마찬가지다. 집은 곧 사무실이 되고 사무실은 곧 집이 된다. 사무실은 우리의 세상이고 세상은 사무실 안에 담겨 있다. 미래의 사무실은 만남과 공유의 장이자 프로젝트를 꾸려나가기에 적합한 생활 공간이 될 것이다. 다시 말해, 지식과 이해를 바탕으로 우리의 정체성과 스타일, 개성을 확인할 수 있는 공간이 될 것이다. 잘 꾸며진 기분 좋은 사무실이야말로 우리, 그리고 내가 주체적으로 가꿔나갈 수 있는 사랑과 자유, 창의성의 공간이 될 것이다. 이 책에서 답을 찾아보자!

뱅상 그레고리 넬리로디 라이프스타일 디렉터

Vincent Grégoire, NellyRodi Lifestyle Director

머릿말

'좋은 오피스란 무엇인가? 그리고 더 좋은 오피스를 만들기 위해서는 무엇을 해야 하는가?'

이 책은 퍼시스가 창립 이래로 끊임없이 고민해왔던 근본적인 질문에 대한 대답입니다. 우리가 내린 답이 모든 사람에게 공감을 불러일으킬 수 있을까 고민한 적도 있었지만 수많은 기업과 진행한 환경개선 프로젝트와 연구과제를 통해 퍼시스의 지식과 노하우가 세상에 도움이 된다는 확신을 얻을 수 있었고, 더 나은 사무환경을 고민하는 사람들에게 도움을 주고 싶다는 사명감으로 이 책을 완성하게 되었습니다.

우리가 내린 답은 사무환경에 대한 지식과 경험의 결합으로 얻어진 것입니다. 퍼시스는 한국 사무환경의 변화와 지향점에 대한 연구를 멈추지 않았습니다. 합리적이고 객관적인 시선을 잃지 않기 위하여 해외 리서치 기관 겐슬러Gensler와 함께 글로벌 오피스 트렌드에 대한 연구도 꾸준히 지속하였습니다. 문헌 연구와 트렌드 분석을 넘어 실제 환경의 변화를 반영하기 위해 국내 오피스의 도면 600여 개를 분석하여 오피스의 변화 추세를 파악할 수 있는 '공간 데이터베이스'를 개발하기도 했습니다. 그리고 현장의 목소리를 끊임없이 반영하여 현실과 지식의 균형을 찾기 위해 노력해왔습니다.

이처럼 퍼시스가 쌓아온 지식은 단순히 이론의 나열이 아닙니다. 이론에 경험을 더하여 현장에 꼭 필요한 지식으로 가꾸어냈습니다. 세상에는 책으로 배우거나, 현장에서 익힌 단편적인 사무환경 지식이 넘쳐나지만, 이론과 경험이 씨실과 날실처럼 엮여 완결성 있게 정리된 지식은 없었습니다. 그러므로 이 책은 일종의 연결고리입니다. 하나의 지식과 또 다른 지식이 유기적인 관계라는 사실을 알려주며 보다 큰 시야에서 오피스를 바라볼 수 있는 인식의 지평을 넓혀주는 책이 될 것입니다.

이 책은 오피스에서 살아가는 모든 사람을 위한 책이지만, 특히 기업의 문화를 만들어 나가는 데 고민이 있는 경영진과 실제 사무환경을 계획해야 하는 실무진에게 인사이트를 줄 수 있는 단비 같은 책이 될 것입니다. 기업문화를 만들기 위해 고려해야 하는 사무환경의 이슈들과 이것을 실제 오피스에 적용할 때 필요한 지식 및 노하우를 순서대로 정리하였기 때문입니다.

우선 한국의 사무환경 변화와 지향점을 반영한 오피스 철학을 총 여섯 개의 장으로 나누었습니다. 각 장은 사무환경에 영향을 주는 원인과 해당 개념을 설명하는 이론적 배경을 다양한 수치와 사례로 뒷받침하여 정리하였습니다. 앞서 설명한 개념이 실제 오피스에 적용된 모습을 보여주기 위해 풍부한 사진 자료를 추가하였으며 독자의 이해를 돕기 위해 데이터를 간결하게 정리한 인포그래픽을 삽입하였습니다. 챕터의 마지막에는 퍼시스가 제안하는 오피스 디자인의 전략을 넣어 마무리하였습니다. 수많은 기업의 오피스를 개선하면서 얻은 알짜배기 팁은 오피스를 계획하는 담당자에게 원 포인트 레슨이 될 것입니다.

여러분에게 이 책을 다 읽은 후 지금 사용하는 오피스를 둘러보실 것을 권합니다. 혹시 불편한 곳은 없는지, 부족한 부분은 없는지, 평소와는 다른 시각으로 천천히 진단을 시작하는 것입니다. 지금까지는 기업 외부의 다양한 사례에 초점을 맞췄다면 이제는 기업 내부의 이야기에 귀를 기울일 차례입니다. 우리 회사에 꼭 맞는 최고의 오피스는 직원들의 일하는 모습 안에 숨어 있습니다. 부디 더 좋은 오피스를 꿈꾸는 사람들이 이 책과 함께 최고의 오피스를 현실로 만들어내기를 바랍니다.

퍼시스 일동

오피스는 신이 주신 것이 아니다. 오피스는 창작품이다.
오피스가 오늘의 모습을 갖게 된 것은
과거에 우리가 오피스를 이렇게 상상했었기 때문이다.

- 프랭클린 베커, 『Office at Work』

차례

6 사무환경이 건강을 만든다
Wellbeing in the Workplace

더 좋은 오피스가 필요하다

우리에게는 더 좋은 오피스가 필요하다

직장인에게 오피스는 중요하다. 현대 직장인들의 연평균 근로 시간은 2,113시간으로 하루 중 대부분 시간을 오피스에서 보낸다.[1] 직장인들에게 오피스는 소중한 일터이자 일상을 보내는 제2의 집이다.

기업의 입장에서도 오피스는 중요하다. 생산성을 극대화하여 단기적인 이윤 창출만을 목적으로 하는 기업에게는 사무환경이란 단순히 비용이 들어가는 대상에 불과하다. 하지만 장기적인 경쟁력과 변화를 모색하는 기업에게 사무환경은 기업의 성장을 위한 가장 근본적인 투자의 대상이다. 좋은 사무환경이 기업의 문화를 만들고, 기업의 문화는 기업의 변화와 혁신을 끌어낸다. 이 때문에 오피스는 기업 경쟁력 강화의 핵심 요소가 된다.

외부인에게도 오피스는 중요하다. 오피스는 기업의 비전과 기업문화를 보여준다. 열정적인 자세로 최고를 지향한다고 말하는 것은 쉽다. 하지만 낡고 초라한 가구에 오래되어 때가 탄 오피스를 보게 된다면, 사람들은 최고를 지향한다는 기업의 비전에 의심을 품는다. 오피스는 기업의 얼굴이며 이미지 그 자체이기 때문이다.

이처럼 오피스는 우리의 일상에, 기업의 경영에, 외부인의 이미지에 중요한 역할을 하고 있다. 그러므로 오피스는 직원들이 업무 불편이나 신체의 통증 없이 즐겁게 일할 수 있는 곳이 되어야 한다. 큰 비용을 들여 운영하는 만큼 최고의 생산성과 성과를 끌어낼 수 있는 공간이 되어야 한다. 그리고 기업의 비전과 문화를 외부인에게 올바르게 전달할 수 있는 기업의 얼굴이 되어야 한다. 이것이 우리에게 더 좋은 오피스가 필요한 이유다.

좋은 오피스는 쉽게 만들어지지 않는다

오피스의 중요성에 대한 관심이 커지면서 사무환경을 개선하고자 하는 기업이 점차 늘어나고 있다. 하지만 좋은 오피스를 만드는 것은 생각만큼 쉽지 않다. 많은 사람은 보편적인 오피스에 대한 이야기는 고사하고 바로 옆 건물 오피스에 대한 내용도 정확히 알지 못한다. 이에 따라 사무환경을 개선하고자 하는 사람들은 다음과 같은 어려움을 겪게 된다.

첫째. 어디서부터 시작해야 할지 모르겠다.

어떤 오피스가 좋은 오피스인지, 좋은 오피스가 되려면 어디를 바꿔야 하는지, 이러한 근본적인 질문에서 막힌 채 길을 잃어버리는 경우다. 자사의 사무환경이 매우 열악하다는 사실을 자각하지 못한다는 점이 사무환경 개선의 걸림돌로 작용한다.

둘째. 직원들의 불만을 해결해줬는데도 사무환경 개선의 효과가 나타나지 않았다.

사용자의 불편에 주목하여 문제 해결을 시도하는 경우다. 직원들의 불만을 수집하고 이를 해결할 수 있는 돌파구를 찾아냈으나, 불만이 발생하는 근본적인 원인을 파악하지 못하여 사무환경 개선이 제대로 이루어지지 않는다.

셋째. 좋은 오피스로 바꿨는데 직원 불만이 너무 많다.

유명한 타사 오피스를 벤치마킹하여 사무환경을 개선하는 경우다. 신경 써서 만든 근사한 공간이 많지만, 직원들이 사용하지 않아 유령 오피스가 되곤 한다. 모델로 삼은 공간이 만들어진 목적과 이유를 제대로 파악하지 않은 채 인테리어만 따라 하는 점이 문제가 된다.

이처럼 사무환경 개선에 있어서 가장 큰 난관은 우리가 오피스에 대해 제대로 알지 못하는 것이다. 좋은 오피스란 무엇인지, 좋은 오피스가 되기 위해 개선이 필요한 부분은 어디인지, 오피스가 개선되지 않는 원인이 무엇인지 모른다. 하지만 좋은 오피스를 만드는 일에는 특별한 비법이 있는 것이 아니다. 세상에 어떤 오피스가 있는지 알고 우리 기업에 가장 필요한 오피스가 무엇인지 알 수 있다면 모든 문제는 해결된다. 지피지기야말로 좋은 오피스를 만들기 위한 핵심 전략이다. 기업과 오피스에 대해 충분히 알고 있다면 더 좋은 오피스를 만드는 데도 반드시 성공할 수 있다. 더 좋은 오피스를 만들기 위해서는 내가 먼저 우리 회사의 사무환경 전문가가 되어야 한다.

우리에게 필요한 오피스를 만들자

기업에 필요한 오피스를 알려면 세상에 어떤 오피스가 있는지 알아야 한다. 트렌드 연구는 오피스의 전체적인 틀을 파악할 수 있는 가장 좋은 방법이다. 우선 평균적인 오피스의 모습과 새롭게 나타나는 오피스 공간에 대해서 알아야 한다. 이를 위해 '내 자리'와 '회의실' 같은 단순한 공간관에서 벗어나 업무 공간, 임원 공간, 회의 공간, 휴게 공간, 지원 공간 등으로 공간을 세분화하여 이해해야 한다. 기업에서 가장 흔하게 사용하는 책상은 무엇인지, 임원실은 어떤 배치가 많은지,

회의실과 휴게실은 어느 정도로 계획하는지 알고 있으면 좋다. 동종 업계나 경쟁사의 사무환경에 대하여 꾸준히 관심을 기울인다면 더욱 좋다.

트렌드 파악에서 가장 중요한 부분은 Why를 파악하는 것이다. 어떤 인테리어를 했는지 이해하는 수준에서 한 걸음 더 나아가 왜 저런 공간을 만들기로 했는지 이해해야 한다.

오피스의 본질은 일하는 공간이다. 그러므로 오피스는 기업의 일하는 방식에 강하게 영향을 받는다. 외근을 자주 나가는 기업과 서류작업을 주로 하는 기업에게 똑같은 오피스를 주어서는 안 된다. 회의를 자주 하는 기업과 개인 업무가 많은 기업에게 똑같은 오피스를 주어서도 안 된다. 모든 기업에게는 각기 다른 Work DNA가 있다. Work DNA란 직원들의 업무 특성과 커뮤니케이션 관계 등 직군별로 서로 다를 수밖에 없는 고유의 일하는 방식을 뜻한다. 오피스와 기업의 Work DNA가 맞아 떨어지지 않는다면 아무리 좋은 오피스를 벤치마킹해도 사무환경이 개선되지 않는다.

'변동좌석제 대란'은 기업의 Work DNA가 얼마나 중요한지 보여주었다. 2010년을 전후로 스마트 오피스라는 개념이 등장하면서 많은 기업이 '변동좌석제'을 도입하였다. 한 사람당 책상을 한 개씩 주는 고정좌석제에서 탈피하여 2~3명이 책상 한 개를 공유하는 변동좌석제로 인해 공간 효율성과 생산성이 비약적으로 향상했다는 스마트 오피스 성공사례 때문이었다. 변동좌석제는 스마트 오피스 안에서도 특별히 눈에 띄는 방법론이었고 많은 기업이 이 새로운 개념에 매혹되었다. 하지만 많은 기업이 변동좌석제를 제대로 운용하지 못하고 고정좌석제로 회귀하였다. 변동좌석제가 자신들의 Work DNA에 적합한 솔루션이 아니었기 때문이다.

변동좌석제는 하루 대부분을 외근으로 보내는 기업에게 적절한 방식으로 일과 중 책상을 사용하는 시간이 적은데 사무실 대부분의 면적이 책상에 할당되는 것은 비효율적이라는 문제의식에서 시작하였다. 적게 사용하는 책상을 없애거나 업무 공간을 축소하여 여유 공간을 확보한 뒤, 직원들이 필요로 하는 회의, 휴식, 지식공유 공간 등을 계획하는 새로운 공간 활용 솔루션이다. 하지만 많은 기업이 이러한 속사정을 제대로 파악하지 못한 채 책상의 개수만 줄여버렸다. 자신들이 외근을 얼마나 많이 하는지, 비어있는 좌석이 얼마나 많은지 정확히 파악하지 않았다. 그 결과 직원들은 일할 공간을 잃어버렸고, 부족한 책상을 대체하기 위해 회의실을 점거하였다. 장인이 만든 고급 구두라도 사이즈가 맞지 않으면 발을 아프게 한다. 오피스도 마찬가지다. 기업의 Work DNA에 맞지 않는 오피스를 도입하면 직원들이 일하기 어려운 환경이 되어버린다.

사무환경은 경영전략이다

Work DNA를 반영하여 현재 우리 기업에 꼭 맞는 오피스를 만드는 것은 중요하지만 그래서는 과거의 방식을 그대로 답습하게 될 뿐이다. 사무환경 개선은 일하는 방식을 개선할 좋은 기회. Work DNA를 분석하는 과정에서 현재의 문제점을 파악할 수 있기 때문이다.

회의실의 예를 들어보자. 관찰을 해보니 직원들이 회의실을 찾느라 시간을 많이 낭비하고 있었다. 다른 부서 사람들이 우리 회의실을 자꾸 사용한다는 불만도 나온다. 아예 부서 전용 회의실을 충분히 만들어달라는 의견도 나온다. 이를 개선하기 위하여 모든 부서에 전용 회의실을 많이 만들어주면 문제가 해결될까? 우선 모든 부서에 전용 회의실을 여러 개 만들어주는 것은 현실적으로 불가능하다. 아무리 넓은 오피스라도 회의실에 사용할 수 있는 면적에는 한계가 있어서 부서마다 전용 회의실을 1개씩 만들어주는 것이 최선이다. 하지만 동시에 회의가 2개 이상 발생할 경우 회의실이 부족한 현상은 해결하지 못한다.

직원들의 희망 사항을 그대로 반영하는 것이 아니라 문제가 생기는 근본 원인을 찾아내야 한다. 회의실은 왜 부족할까? 회의실의 숫자가 절대적으로 적다면 우선 회의실의 개수를 늘려야 한다. 하지만 회의실의 개수에 비해 회의실이 부족하다고 느낀다면 그 이유는 회의실이 제대로 활용되지 못하기 때문이다. 6층 회의실은 꽉 차 있지만 3층 회의실은 한산하다. 직원들은 3층 회의실이 비어있다는 사실을 알지 못한다. 그 사실을 안다고 해도 우리 회의실이 아니므로 사용할 수 없다.

때로는 직원들의 요구와 정반대의 해결책을 제시해야 한다. 부서 전용 회의실을 모두 없애고 모든 회의실을 공용으로 사용하게 하는 것이다. 6층 사람들이 3층 회의실을 사용할 수 있도록 하여 노는 회의실을 최소한으로 줄인다. 이를 위해 회의실 예약 시스템을 개편한다. 회사에서 직원들이 사용할 수 있는 모든 회의실의 사용 현황을 한눈에 볼 수 있고, 원하는 시간을 예약할 수 있는 예약 시스템을 만든다. 회의실은 예약한 사람에게 우선 사용권을 주어야 한다. 회의실이 비어있어서 사용하고 있더라도 예약한 사람이 찾아오면 공간을 내주어야 한다. 몇 분 이내에 회의실을 사용하지 않으면 회의실 예약이 취소되는 시스템까지 구축하면 더욱 좋다. 이는 공간만으로 해결할 수 있는 것이 아니다. 새로운 제도와 시스템, 그리고 직원들의 협력이 필요하다.

이러한 변화는 직원들의 일하는 방식을 바꾸어 놓을 것이다. 직원들은 회의실 예약시간 안에 회의를 끝내기 위해 회의에 집중하게 될 것이다. 회의실을 찾기 위해 건물 전체를 돌아다니는 대신 회의실 예약 시스템에 접속하여 원하는 회의실에서 원하는 시간에 회의를 할 수 있을 것이다. 우리 층의 회의실은 우리 팀만의 것이 아니라 우리 회사 모두를 위한 것이라고 생각이 바뀌게 될 것이다.

사무환경의 변화는 일하는 방식의 변화를 이끌어낼 수 있다. 회사에서 일하는 방법을 새롭게 정하고 직원 모두가 이를 실행에 옮긴다.

무엇을 바꿀 것인가? 어떻게 개선할 것인가? 사무환경 개선은 두 가지 질문의 답을 찾아가는 과정이다. 사람과 공간은 기업에게 있어서 가장 중요한 두 가지 자산이다. 그리고 사무환경 개선은 사람과 공간 두 지점에서 최대의 성과를 만들어낸다. 더 좋은 오피스를 만들자. 그러면 오피스는 우리에게 날개를 달아 줄 것이다.

사무실은 지위에 따른 고립된 공간이 아니라
에너지와 상호작용을 극대화하도록 설계되어야 한다.

- 에릭 슈미트, 『구글은 어떻게 일하는가』

1

사무환경이
소통을 만든다

Democratic Planning

공간의 위계질서를 혁파하자

　　과거에는 책상만 봐도 그 사람의 직급을 알 수 있었다. 부장은 넓고 여유로운 책상과 가장 고급품의 의자를 사용하고, 과장은 그보다 조금 작지만 충분한 크기의 책상, 그리고 사원은 가장 작은 책상과 어딘가 부족한 의자를 사용해야 했다. '내 자리'의 모습은 조직에서 자신의 위치를 보여주는 척도였다. 사원들이 사용하는 공간은 오피스에서 가장 비좁고 불편했다. 특별한 설명이 없어도 그들은 이 조직에서 자신이 가장 낮은 존재라는 것을 직관적으로 파악할 수 있었다. 그리고 빨리 승진해서 더 넓고 편안한 공간에서 일하는 높은 사람이 되기를 바랐다. '내 자리'는 규모, 구성요소, 위치로 만들어낸 일종의 계급장이었다.

　　실제로 1993년도에 발행된 오피스 계획 지침서는 책상을 이용해 직급을 표현해야 한다고 제안하고 있다.[2] "집무 책상은 기능적으로 취급되어야 함과 동시에 직제의 지위 상징을 표현하고 있음도 부인할 수 없다. 일반 과원과 관리직에서는 책상, 의자와 함께 각각 1단계씩 커진다고 하는 사고방식은 부정할 수 없는 것이다."라는 설명은 수직적인 조직 문화가 오피스를 지배하던 시절을 보여주는 단적인 사례이다.

"사람은 공간을 만들고, 공간은 사람을 만든다. We shape our buildings; thereafter they shape us" 영국의 총리였던 윈스턴 레오너드 스펜서 처칠 경Sir Winston Leonard Spencer-Churchill이 인용하면서 유명해진 이 말은 오피스와 기업문화의 관계를 설명하기에 더할 나위 없이 좋은 표현이다. 모든 오피스는 기업의 업무 방식을 기반으로 만들어지고, 오피스는 다시 그 안에서 살아가는 직원들에게 영향을 준다. 상명하복식의 기업문화가 강할수록 직급에 따라 공간을 차별적으로 지급한다. 그리고 공간이 주는 차별에 익숙해진 사람들은 수직적이고 경직된 기업문화에 빠르게 적응하게 된다. 이런 식으로 공간과 기업문화는 서로에게 영향을 주며 상승효과를 끌어낸다.

이 때문에 평등한 기업문화를 추구하는 기업들은 공통으로 공간에 표현된 직급 체계를 가장 먼저 혁파하였다. 인텔의 앤드류 그로브 Andrew S. Grove 전 회장은 사내 평등 문화를 정착시키기 위해 모든 임직원에게 동일한 면적의 업무 공간을 제공하여 평등을 강조하였고 주차장에서도 임원용 공간과 직원용 구분을 없앴다.3 이 때문에 앤드류 그로브도 자리를 찾기 위해 주차장을 몇 바퀴씩 돌아야 했다. 페이스북 역시 전 직원이 평등한 업무 공간을 사용하는 것으로 유명하다. 마크 저커버그Mark Elliot Zuckerberg 페이스북 CEO 시절 사장실을 따로 마련하지 않고 직원들 옆에 앉아 근무했다. 책 몇 권과 페이스북의 상징물이 놓여있는 소박한 책상은 마크 저커버그가 직접 자신의 자리라고 소개하지 않는다면 그 누구도 CEO의 자리라고 눈치챌 수 없을 정도였다.

권위와 위계의 시대가 가고 소통과 자율의 시대가 오고 있다. 진정한 소통은 직원들 사이에 자유로운 생각을 억압하지 않고 서로를 존중하며 의견을 교환하는 분위기에서 꽃피울 수 있다. 이 때문에 수많은 기업이 수평적인 기업문화와 민주적인 사무환경을 추구하며 조직 내 소통의 질을 높이고 기업의 경쟁력을 강화하려고 한다. 이제 불필요한 형식과 구조에서 벗어나 사람들이 일하는 방식 그 자체에 집중하는 실용적이고 유연한 오피스가 필요하다. 직급 체계를 극복한 사무환경은 활발한 소통을 위한 첫걸음이다.

유니버설 플랜, 직급의 구분이 사라지다

평등한 공간을 만드는 가장 확실한 방법은 모두에게 동일한 공간을 제공하는 것이다. 이를 사무환경에 적용해본다면, 직급과 관계없이 같은 사양의 워크스테이션을 지급하는 것이다. 직급에 따라 워크스테이션을 차별적으로 지급하는 분위기는 점차 사라지고 있다.

직급과 관계없이 동일한 가구를 사용하게 하는 것은 평등한 조직 문화를 공간으로 구현할 수 있기도 하지만 관리 효율이 높다는 또 다른 장점도 있다. 직원이 승진하면 직급에 맞는 워크스테이션을 새롭게 마련해줘야 하고, 조직 개편이 있을 때마다 모든 직원의 직급에 해당하는 워크스테이션을 정하고 이를 다시 레이아웃으로 구체화하는 것은 기업의 입장에서 과도한 시간과 노력을 소모하는 일이다. 하지만 모두가 동일한 가구를 사용한다면 이러한 문제는 발생하지 않는다. 인원수에 맞게 정해진 워크스테이션을 제공하면 된다.

이렇게 직급과 관계없이 모두가 동일한 가구를 사용하는 형태의 오피스 계획을 유니버설 플랜Universal Plan이라고 부른다. 유니버설 플랜에서 모든 직원은 동일한 워크스테이션과 레이아웃을 사용한다. 직급에 따라 차등 지급을 하는 경우에는 높은 직급의 직원에게 좀 더 넓은 책상을 제공하거나 레이아웃을 다르게 배치하여 차별점을 부여한다. 그러므로 이러한 오피스에서 책상의 크기나 책상이 배치된 모습을 보고 자리 주인의 직급을 추측하기는 쉽다. 일반적으로 다른 사람보

직급을 구분하는 서로 다른 방식의 오피스 계획

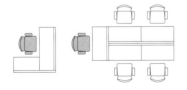

직급에 따른 차이가 큰 레이아웃

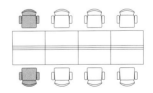

직급 차이를 혁파한 유니버설 플랜

직급과 관계없이 같은 크기의 책상과 같은 구성의 워크스테이션을 사용한다.

다 넓은 자리를 사용하거나, 직원들을 관리하기 편한 자리에 따로 책상이 배치된 사람이 높은 직급의 직원이기 때문이다. 하지만 유니버설 플랜의 경우에는 모든 직원의 자리에서 어떠한 차별점도 찾아볼 수 없다. 같은 크기의 책상과 같은 구성의 워크스테이션이 같은 레이아웃으로 배치되어 있기 때문이다.

유니버설 플랜을 직역하면 '보편적인 배치'라고 할 수 있다. 모두가 사용할 수 있는 보편적인 오피스를 만들어 어떤 사람이든 무리 없이 사용할 수 있게 하는 점이 유니버설 플랜의 핵심이다. 직급에 따라 워크스테이션의 차이가 없는 것은 이러한 '보편성'이 발현되는 하나의 모습이다. 사원이 사용하던 자리를 부장이 사용할 수 있고, 반대로 부장이 사용하던 자리를 사원이 사용할 수도 있기 때문이다.

유니버설 플랜이 적용된 오피스에서 자리 변경이 필요한 순간이 오면 직원들은 책상을 옮기거나 좌석 배치를 바꿀 필요가 없다. 내 자리를 정리하고 짐만 싸서 이사한다. 공간은 변화 없이 그대로 사용하고 사람만 이동하는 것이다. 이 지점에서 유니버설 플랜의 장점이 빛을 발한다. 가구의 이동 및 재설치 시간이 필요 없으므로 이사 과정에 필요한 비용과 시간을 획기적으로 절약할 수 있다. 그러므로 조직이 자주 바뀌고 자리 이동이 잦은 기업에게 유니버설 플랜은 좋은 대안이 될 수 있다.

유니버설 플랜은 10년 전만 해도 한국에서는 생소한 개념이었다. 퍼시스 공간데이터베이스에 따르면 2010년 이전에는 전체 오피스에서 유니버설 플랜을 적용한 오피스가 10% 미만에 불과하였다. 하지만 수평적 조직 문화에 대한 관심이 늘어나면서 유니버설 플랜을 도입하는 기업 역시 증가해 2010년 이후에는 전체 오피스의 20%가 유니버설 플랜을 사용하고 있다. 과도한 직급 간 차등을 없애고 간소화하여 보다 수평적이고 실용적인 오피스를 추구하는 기업들이 늘어나고 있다.

하지만 전 직원에게 동일한 워크스테이션을 배치하는 유니버설 플랜은 자칫 단조롭고 지루한 오피스라는 느낌을 줄 수 있다. 또한, 표준화된 워크스테이션에는 모든 직원의 업무 특성을 반영하기 어렵기 때문에 유니버설 플랜의 적용 범위를 조절한다면 단점을 보완할 수 있다. 예를 들어 조직 규모가 큰 기업의 경우에는 유사한 업무 특성을 가진 부서들을 유형화하여 각 업무 특성에 맞는 워크스테이션 모듈을 나눠 적용하는 방법이 있다. 10개 부서 모두 동일한 A 타입의 워크스테이션을 사용하는 것보다 업무 특성이 유사한 4개 부서와 6개 부서로 유형을 나누어 A 타입과 B 타입으로 각각 적용하는 것이다. 즉 직급 간의 차등은 없애고 오히려 업무 특성에 맞춰 차별성을 주는 직군 간의 차등을 적용하는 것이다. 이처럼 기본적으로는 유니버설 플랜의 개념을 따르지만, 기업의 상황에 맞게 조금씩 변경하여 도입하는 경우가 많아지고 있다.

팀장석, 소통의 중심이 되다

팀장석은 팀 전체를 위한 곳

팀 내 활발한 소통이 필요하다면 팀장석을 강화하는 것도 좋은 아이디어 중 하나이다. 팀장은 팀원 전체의 업무를 조율하고 해결 방향을 제시하는 관리자다. 그러므로 팀원들과 업무를 공유하고 문제를 해결하는 대화로 하루 중 대부분 시간을 보낸다. 직원 사이의 커뮤니케이션 구조를 그려본다면 가장 많은 정보를 받아들이고 가장 많은 정보를 내보내는 소통의 중심에 팀장이 위치한다. 따라서 팀장석을 팀 내 소통의 중심지로 개편한다면 보다 원활한 소통이 가능해진다.

이를 위해 우선 팀장석의 권위를 줄이는 공간 계획이 필요하다. 팀장과 팀원 사이의 벽을 없애는 기업이 늘어나는 까닭이 여기에 있다.

팀장석에 다가가는 것만으로 위압이 느껴진다면 팀원들은 자유로운 소통을 할 수 없게 된다. 그래서 팀장과 팀원 사이의 빠른 소통을 원하는 기업은 팀장실을 따로 만들기보다 낮은 파티션이나 수납 가구를 이용하여 눈에 보이지 않는 경계선을 만드는 방식을 더 선호한다. 캐비닛 같은 수납 가구의 배치를 통해 어디까지가 팀장이 사용하는 공간인지 간접적으로 표시하여 보다 평등한 공간으로 계획할 수 있다.

평등한 공간 계획은 팀장석의 구성 방식에서도 가능하다. 퍼시스 공간데이터베이스에 따르면 책상의 면적과 실제로 사용하고 있는 책상 주변의 면적을 더하여 산출한 1인당 업무 공간을 비교했을 때 팀장은 팀원보다 약 2배 정도 넓은 면적을 사용하고 있었다. 평균적으로 팀원은 1인당 업무 공간으로 3.6㎡를 사용하지만, 팀장은 평균 7.0㎡

팀장과 팀원의 1인당 업무 공간의 비교

7.0㎡

3.6㎡

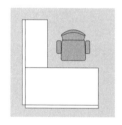

팀원의 평균 업무 공간 면적

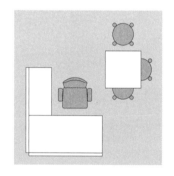

팀장의 평균 업무 공간 면적

출처_ *퍼시스 공간데이터베이스

를 사용한다. 하지만 흥미롭게도 팀장에게 더 넓은 책상을 지급하는 경우는 점점 줄어들고 있다. 팀장과 팀원이 동일한 크기의 책상을 사용하는 경우는 전체의 84%에 달한다. 즉 팀장은 팀원보다 더 넓은 자리를 사용하지만, 동시에 팀원들과 똑같은 책상을 사용하고 있다.

얼핏 보기에 모순된 두 데이터의 의미는 무엇일까? 이 자료는 사실 팀장석을 바라보는 실용적인 태도를 드러내고 있다. 팀장이 팀원보다 높은 지위에 있으므로 더 사치스러운 공간을 주어야 한다는 의미가 아니다. 팀장의 자리는 기능적인 이유로 더 넓어져야 한다는 뜻이다. 팀장은 팀원보다 더 많은 결정을 해야 하고 그만큼 더 많은 사람을 만나야 한다. 팀원과 달리 팀장은 자리에서 직원들에게 보고를 받고 사람들과 함께 회의하며 사안에 대한 검토를 진행한다. 이를 위해 팀장석에 소통의 기능을 담당하는 추가 공간이 제공되면서 팀장의 자리는 팀장 한 사람을 위한 공간이 아니라 팀 전체를 위한 공간으로 변한다.

소통하는 팀장을 위하여

팀장과 팀원 사이에 수평적인 공간이 주어졌다면 이제 팀장석에 회의 유닛을 제공하여 확실한 소통의 중심지로 만들어야 한다. 팀장과 팀원 사이에는 긴 회의보다 짧은 보고가 훨씬 더 많이 발생한다. 5분 남짓한 짧은 보고를 위해 회의실을 찾고 예약하는 일은 오히려 비효율

팀장석 옆에 소형 회의 테이블과 스툴, 소형 회의용 의자 등을 제공하여 팀장과 팀원이 쉽게 소통할 수 있는 업무 공간을 만들 수 있다.

적이다. 그래서 이런 종류의 짧은 보고는 팀장의 책상 주변에서 진행되는 경우가 많다. 팀장은 자리에 앉은 채 서 있는 팀원의 보고를 듣거나, 팀장석 근처에서 팀장과 팀원이 선 채로 대화하기도 한다.

그러므로 팀장과 팀원 사이의 짧은 보고나 회의에 대비하여 소형 회의 테이블과 의자 한두 개로 구성된 회의 유닛을 팀장석 가까이에 배치하여 자리를 옮기지 않고 회의를 빠르게 시작할 수 있게 한다. 이때 회의 유닛은 너무 크지 않게 4인 이하로 계획하는 것이 중요하다.

하지만 팀장과 팀원이 회의를 많이 하지 않는다면 넓은 면적을 할애한 회의 유닛 사용은 오히려 공간을 낭비하는 셈이 되어버린다. 실제로 회의 유닛을 제공하였으나 활용도가 낮아 회의 테이블 위에 잡동사니만 쌓아두는 경우도 많다. 그러므로 보고를 적게 받거나, 구두 보고가 많아 회의 테이블을 사용하지 않아도 된다면 회의 유닛 대신 보조 의자만 제공하는 것이 좋다. 이때 보조 의자는 팀장의 업무 공간에 방해가 되지 않도록 작은 의자를 선택해야 한다. 주로 등받이가 없는 스툴이나 소형 회의 의자가 많이 사용되며 쉽게 이동할 수 있도록 바퀴가 달려있거나 가벼운 의자를 고르는 것이 좋다.

보조 의자를 배치하는 방식은 팀장과 팀원들의 의사소통 방식에 영향을 주기도 한다. 보조 의자의 배치는 크게 팀장과 팀원이 마주 보는 방식과 팀장과 팀원이 90°로 앉는 방식이 있다. 이 중 보다 수평적인 공간 배치를 원한다면 90°로 앉은 방식을 선택하는 것이 좋다. 마주 보는 방식은 두 사람이 서로의 눈을 마주쳐야만 하는 상황에 놓이기 때문에 긴장감이 높아진다. 이 때문에 비즈니스 미팅에서 상대와 심리적인 거리를 유지하며 대화를 이어나가거나 상급자가 하급자에게 명령을 내릴 때 주로 사용하는 좌석 배치다. 하지만 팀장과 팀원이 90°로 앉는다면 보다 가까운 거리에서 친밀한 관계로 대화를 나눌 수 있다. 서로의 눈을 바라보며 이야기할 수도 있고 자연스럽게 시선을 피할 수도 있으므로 긴장을 풀며 자유롭게 토론할 수 있다.

팀장석의 보조 의자의 배치방식

자유로운 토론에 적합한 배치

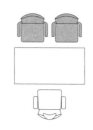

영역 구분이 있는 비즈니스 미팅 배치

퍼시스 공간데이터베이스에 따르면 회의유닛을 사용하는 팀장석이 급격하게 늘고 있다. 2005년 이전만 해도 회의유닛을 사용하는 팀장석은 전체의 21%에 불과했다. 하지만 2010년 이전에는 28%로 증가했고 2011년 이후에는 34%까지 증가하였다. 회의유닛만큼 가파른 상승세는 아니었지만, 보조 의자 역시 2005년 이전 3%에서 2011년 이후 5%로 늘어나 작지만 꾸준한 상승세를 보여줬다.

회의유닛과 보조 의자를 사용하는 기업이 증가하고 있다. 이러한 변화는 팀장과 팀원 사이의 의사소통이 중요한 수평적 조직문화를 지향하는 기업이 늘어났기 때문이다. 수직적인 조직에서는 팀장은 일방적으로 지시하고 팀원은 지시에 국한된 보고를 진행한다. 팀원이 팀장에게 질문 할 기회는 주어지지 않으며 팀장이 팀원에게 일방통행식의 명령만 내릴 뿐이다. 하지만 이제는 팀장과 팀원이 함께 의견을 나누고 토론하며 업무를 진행해 나간다. 이처럼 서로 협력하여 일하는 최근의 기업문화를 생각한다면 회의유닛과 보조 의자의 인기는 앞으로도 계속될 것으로 예상된다.

팀장석의 회의유닛과 보조 의자 사용률

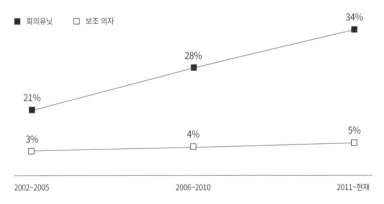

출처_ *퍼시스 공간데이터베이스

팀장과 팀원이 90°로 바라볼 수 있도록 보조 의자를 배치하면 보다 가까운 거리에서 친밀한 소통을 할 수 있다.

팀장과 팀원이 마주 보는 배치를 적용한다면 보고 받는 사람과 보고 하는 사람의 구분이 명확해져 격식 있는 비즈니스 미팅의 공간이 된다.

고정관념에서 벗어난 임원실의 등장

임원실, 협업하는 공간이 되다

으리으리한 원목 책상과 고급스러운 가죽 소파, 푹신한 카펫이 깔린 바닥과 곳곳에 놓인 우아한 소품. 임원실에 대한 대표적인 고정관념은 이처럼 화려하고 권위적이다. 하지만 시대의 변화에 맞춰 임원실의 모습 역시 고정관념에서 벗어나기 시작했다.

임원이 사소한 실무까지 하나하나 관여하는 것은 예전에 흔히 볼 수 있는 모습이 아니었다. 임원의 역할은 직원들을 관리하고 기업의 큰 그림을 그리는 경영자의 역할에 더욱 가깝다고 인식했기 때문이다. 하지만 사회가 점차 복잡해지고 전문화되면서 임원들에게도 자신이 맡은 분야에 대한 전문가적인 스킬이 요구되고 있다. 끊임없이 업무의 현장과 소통하고 협업하면서 현재 진행되고 있는 업무에 대한 전체적인 파악과 신속한 의사 결정이 필요하게 된 것이다.

직접 나서서 행동하는 임원에게 일반적인 임원실의 상징적인 가구인 소파와 소파 테이블은 적합하지 않다. 소파는 중요한 손님을 대접하는 접객 용도에는 적합하다. 하지만 소파와 함께 배치되는 소파 테이블은 바닥에서 상판까지의 높이가 400~500mm로 높이가 약 700mm 이상인 업무용 책상과 회의용 테이블에 비해 낮은 편이다. 이 때문에 임원실에 집무 책상과 소파만 놓여있다면 실무 담당자들과 함께 모여서 서류를 검토하거나 결재 의견을 나누는 실질적인 업무 처리에는 불편한 점이 많다. 실제로 한 기업의 임원이 기존에 사용하던 소파를 회의 테이블로 교체한 적이 있다. 직원들이 보고하러 올 때마다 자신의 자리에서 일어나 소파로 걸어간 뒤, 소파 테이블에 놓인 서류를 보기 위해 허리를 굽히다 보니 어느 순간 심한 허리 통증이 느껴졌다는 것이 이유였다.

실제로 소파 대신 회의 테이블을 배치한 임원실은 2000년대 초반에는 약 54%였으나 급격한 상승세를 보이며 현재는 전체의 약 70%를 차지하고 있다. 기업 내에서 실제로 직원들과 함께 의견을 나누고 업무를 진행하는 임원의 비중이 그만큼 증가했음을 보여준다.

임원실마다 회의 테이블이 하나씩 들어가게 되자 임원실을 다른 용도로 활용할 가능성이 생겼다. 임원이 자리를 비웠을 때 직원들이 임원실을 회의실처럼 사용하는 것이다. 임원이 미팅, 세미나, 워크

숍 등 다양한 외부 행사에 참여하게 되어 비워둔 임원실은 보통 아무도 사용하지 않는다. 아무도 사용하지 않는 임원실이 공간 효율을 떨어뜨린다는 문제가 제기되었고, 이를 극복하기 위해 임원이 자리를 비운 동안 임원실의 회의 테이블을 직원들이 사용하게 한다는 아이디어가 나오게 되었다. 직원이 임원의 공간에 마음대로 드나들 수 없다는 고정관념이 있었다면 상상조차 할 수 없는 이야기다. 하지만 형식적인 권위보다 실용과 효율을 추구하는 임원이 늘면서 이와 같은 시도를 하는 기업도 점차 증가하고 있다.

회의테이블을 배치한 임원실의 비율

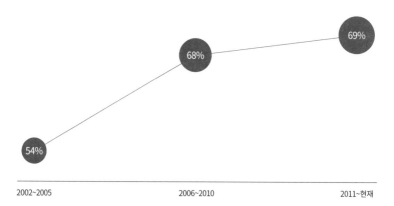

| 2002~2005 | 2006~2010 | 2011~현재 |

출처_ *퍼시스 공간데이터베이스

1 최고 경영자의 회의실에도 소파 없이 회의 테이블만 들어가는 경우가 늘어나고 있다. 2 집무 책상에
어울리는 회의 테이블을 함께 배치하여 품위와 실용성을 모두 갖춘 임원실을 만들 수 있다.

임원실의 벽이 사라지다

직원들과 자주 접촉하며 커뮤니케이션하는 임원은 직원들과의 원활한 소통을 위해 물리적인 단절을 최소화하고 싶어 한다. 그중 가장 적극적인 전략은 임원이 임원실을 나와 직원들과 함께 일하는 것이다. 임원이 직원들과 함께 업무 공간을 사용한다면 임원과 직원 사이의 물리적인 거리뿐만 아니라 상호 간의 심리적인 거리를 줄이며 친근하게 소통하는 관계를 만들 수 있을 것이라는 기대 때문이다.

임원이 직원과 함께 업무 공간을 사용할 때에는 직원의 업무 공간에 맞춰 임원 공간을 줄이는 경향이 있다. 사용 공간이 줄어들면 자연스럽게 가구 구성도 함께 간소해진다. TV를 올려놓는 수납장인 크레덴자나 개인 옷장처럼 부피가 큰 수납 가구의 사용이 줄어들고 직원들과 비슷하게 책상과 개인 수납공간으로 구성된 간결한 임원 공간을 계획하게 된다.

또 다른 전략은 시각적인 단절을 최소화하는 유리 벽을 활용하는 것이다. 외부 손님을 자주 맞이하여 청각적인 프라이버시를 유지할 수 있는 개인적인 집무실이 꼭 필요하지만, 직원들과의 교류를 포기하고 싶지 않은 임원에게 적합한 임원실 유형이다. 시각적인 차단물을 없애는 것만으로도 빠르게 돌아가는 외부의 상황과 업무 현장을 파악하는데 편리하다. 임원들을 한 공간에 모아 배치하는 임원 전용층을 구성하는 대신 담당하는 직원들과 같은 업무 공간에 임원을 배치하고 유리

활발한 커뮤니케이션을 선호하는 임원은 임원실에서 나와 직원의 업무 공간에서 함께 일한다.

같은 투시성이 있는 자재를 활용하여 임원과 직원 사이의 시각적인 장애물을 없애는 것이다.

개방적인 임원 공간이 늘어나면서 임원 가구의 디자인에도 변화의 바람이 불고 있다. 임원 가구 하면 일반적으로 떠오르는 두꺼운 원목 소재와 사방이 막혀있는 디자인에서 철재나 유리 등 다양한 소재가 접목된 슬림하고 개방된 디자인의 임원 가구가 늘어나고 있다. 임원실 안에 배치할 것을 전제하여 디자인한 가구가 아니라 직원들의 업무 공간과 자연스럽게 어울릴 수 있도록 가볍고 경쾌하게 디자인했다는 것을 한눈에 봐도 알 수 있다. 컬러 역시 이러한 변화에 발맞추어 어둡고 권위적인 색채 중심에서 밝고 따뜻한 화이트 톤을 적용한 임원용 가구가 새롭게 등장하고 있다.

조직 내 리더들의 공간이 변화하고 있다. 과거에는 리더들의 권위와 위엄을 강조하였지만, 이제는 조직 전체의 소통과 실용성을 높이는 전략으로 리더들의 공간을 활용하고 있다.

직원과 팀장, 팀장과 임원 사이에 눈에 보이지 않는 심리적 장벽은 조직 내 소통의 장애가 될 수 있다. 이러한 장벽을 없애는 가장 확실한 방법의 하나는 사람들이 일하는 공간을 바꾸는 것이다. 직원이 리더를 존경하고 리더가 직원을 존중할 수 있는 수평적 기업문화는 직원들의 마음가짐 변화와 더불어 위치 선정, 가구 배치, 컬러 선택과 같은 물리적 환경 변화에서 시작한다. 정보가 자유롭게 흐르고 의사 교류가 활발한 열린 기업문화를 원한다면 공간의 위계질서를 완화해보자.

1 임원실에 유리 벽을 사용하여 시각적 개방감과 소통 가능성을 높였다. 2 디자인이 슬림해지고 밝은 컬러가 적용된 임원용 가구가 늘어나고 있다.

우리 조직의 소통 관계 파악하기

수평적인 조직 문화가 확산되면서 조직 내 소통 관계에 대한 관심이 높아지고 있다. 과연 우리 조직의 형태는 직원들의 원활한 소통을 가능하게 하는 구조일까? 우리 조직의 소통 현황을 분석해보자.

- SNASocial Network Analysis는 사회 연결망 분석 프로그램이다.
- 사회에서 맺어지는 사람들 간의 관계를 분석할 수 있는 툴로, 사회의 축소판이라고 할 수 있는 조직의 내부 관계를 분석하고 상호작용이 가장 많은 중심 부서를 파악할 수 있다.
- 조직 내부의 커뮤니케이션 특성과 빈도를 분석하고 유관 부서를 파악할 수 있다.
- 분석의 결과를 바탕으로 자주 협업하는 부서의 그룹을 묶어 클러스터화 할 수 있고 수직 배치 또는 수평 배치 시 상호작용이 많은 부서를 인접하여 배치하는 등 오피스 공간 계획에 직접 활용이 가능하다.

1   클러스터 분석을 통해 자주 협업하는 유관부서를 알아낼 수 있다.
정보를 주고받는 관계가 긴밀한 팀일수록 서로 가까이 배치해야 원활한
소통이 가능하다.

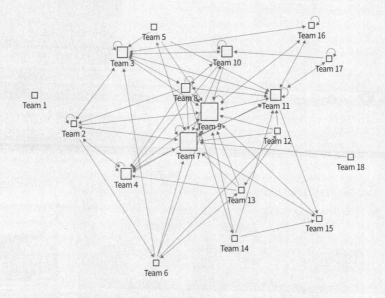

2   중심성 분석을 통해 커뮤니케이션의 중심이 되는 팀을 파악했다면,
해당 팀이 기업 전체의 정보를 중재할 수 있도록 다른 부서와 교류하기
쉬운 공간에 배치해야 한다.

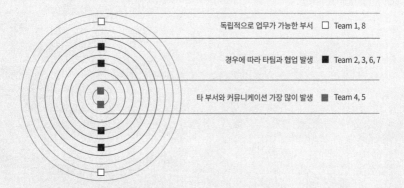

사람들을 가깝게 만들고
서로 대화하도록 하는 것은
더 나은 협력을 가져온다.
이것이 우리가 최고의 서비스를
제공하기 위한 열쇠다.

- 마크 저커버그, 메타 CEO

2

사무환경이
협업을 만든다

Work is Social

아이디어는 어디에서 오는가?

　　우리는 아이디어의 원천으로 비상한 천재天才를 떠올린다. 그의 머릿속에는 참신하고 번뜩이는 아이디어가 흘러넘친다. 그가 건네주는 새로운 해법을 통해 막다른 길에 다다른 채 시들어있던 수많은 프로젝트가 다시금 생명력을 얻는다.

　　하지만 이는 아이디어에 대한 대표적인 오해다. 창조적인 아이디어는 천재 한 명이 순간적인 영감을 받아 만들어내는 것이 아니라 다양한 분야의 여러 종사자가 머리를 맞대어 꾸준히 만들어 나가는 공동 작업물에 가깝다. 누군가 의견을 제시하면 다른 한 명은 그 의견에 살을 덧붙이고 어떤 사람은 부족한 점을 찾아내 보완해 준다. 이처럼 아이디어는 고독한 천재가 아니라 즐거운 협업가의 작품이다.

　　실제로 창조적인 기업은 자신만의 협업 프로세스를 갖추고 있다.

세계적인 디자인 기업 아이디오IDEO에는 난상토론 '딥 다이브Deep dive' 가 있다.4 아이디어를 더 깊은 수준까지 파고 들어가 가장 탁월한 개발 방향을 도출해내는 것이 목표다. 아이디오는 제품 디자인을 의뢰받으면 소비자의 행동을 그대로 따라 하거나 인터뷰를 통해 사용자의 경험에 대한 이야기를 들으며 현재의 문제를 관찰한다. 다음 단계인 브레인스토밍에서는 관찰하면서 떠올린 아이디어를 최대한 쏟아낸다. 이때 참석자들은 수평적이고 자유로운 의견 개진을 위해 '그 어떤 아이디어라도 무시하지 마라', '거친 아이디어도 장려하라', '남의 아이디어를 발전시켜라', '많을수록 좋다' 등의 규칙을 따라야 한다. 아이디오는 이러한 프로세스와 규칙이 있어서 더 깊은 단계까지 들어가 아이디어를 발전시킨다.

100년이 넘었지만, 여전히 IT 분야에서 최고의 자리를 유지하고 있는 IBM 역시 직원들의 의견을 효과적으로 수렴하기 위하여 '이노베이션 잼Innovation Jam'을 운영하고 있다.5 이노베이션 잼은 72시간 동안 진행되는 대규모 온라인 토론이다. 이노베이션 잼에는 IBM의 직원은 물론 가족과 협력사, 학계 전문가까지 참여할 수 있다. IBM과 관련된 많은 사람이 온라인에 접속하여 자신들이 제안한 주제에 대해 자유롭게 토론하고 서로 검증한다. 이노베이션 잼의 특징은 아이디어 제안에서 멈추지 않는다는 점이다. 1차 토론에서 나온 수많은 아이디어 중 효과적으로 발전한 아이디어를 선정하여 2차 토론에 돌입한다. 그리고 2차 토론에서는 아이디어를 실제 사업으로 구현하기 위한 방향에 대해 논의하고 최종적으로 선정된 아이디어는 IBM의 신사업 아이템이 된다.

이처럼 더 효과적으로 협업하고 회의하는 법에 대해 많은 기업이 고민하고 있다. 조직이 전문화되고 세분화되었기 때문에 각 분야를 깊이 아는 전문가는 많아졌지만 모든 분야를 아는 사람은 줄어들었다. 하지만 현장에서는 여러 분야의 문제가 복잡하게 얽혀있기 때문에 이를 혼자서 해결하는 것이 점점 더 어려워지고 있다. 그러므로 집단 지성과 구성원의 축적된 경험, 그리고 이를 함께 나눌 수 있는 협업 환경을 갖추어 문제를 돌파해야 한다. 이 때문에 한 명의 고독한 천재를 찾는 것보다 조직 구성원 전체를 즐거운 협업가로 키워내는 것이 기업에게 더 중요한 과제가 되었다.

이미 실무진들은 협업의 중요성에 대해 깊이 공감하고 있다. 직장인 6,000여 명을 대상으로 진행한 설문조사에서 59%는 업무 생산성을 높이기 위하여 협력 업무가 강화되어야 한다고 응답했다. 자신의 업무가 팀 또는 팀원의 협력 없이 독립적으로 수행될 수 없다고 대답한 사람도 51%에 달했다. 이제 기업 간의 계약부터 팀원 간의 작은 업무 분장까지, 기업의 크고 작은 수많은 업무가 협업과 회의를 통해 결정되고 진행된다. 협업은 단지 사람들이 모여서 서로의 의견을 물어보는 것이 아니다. 협업은 조직 안에 흩어진 자원을 효과적으로 연결하는 방법이다. 이제 기업의 경쟁력은 협업 역량에 의해 결정될 것이다.[6]

협업의 유형에 따라 회의 공간도 달라진다

효과적으로 협업하는 방법이 개발되면서 회의에 대한 인식도 변하고 있다. 과거의 회의 방법이란 직원들이 모여 대화하는 단조로운 단계에 머물러 있었다. 하지만 이제는 협업의 목적에 따라 효율을 높이기 위한 스케줄링이나 진행에 필요한 지원 도구, 인원 구성의 요령 등 최적의 형태가 다양하게 제시되면서 회의는 협업을 효과적으로 수행하기 위한 하나의 도구가 되었다.

최적의 협업을 유도하는 방법에 대한 관심이 높아지면서 회의실에 대한 시각 역시 바뀌고 있다. 적절한 공간을 지원하는 것이 최적의 협업을 끌어낸다는 공감대가 퍼지며 많은 기업이 어떤 회의실을 마련해야 하는지, 혹은 현재 오피스에 어떤 회의실이 부족한지 고민하게 되었다. 자유분방한 회의실이 더 필요한지, 아니면 정적인 회의실을 더 계획해야 하는지 검토하는 등 회의실의 형태와 역할에 대한 고민이 시작된 것이다.

과거의 회의실은 사람들을 한 공간에 모아주는 역할에 그쳤으나, 이제는 규모와 형태, 가구와 지원 요소 등의 차이를 통해 세부적인 역할 구분이 생겨나고 있다. 벽으로 구획된 정형 회의실은 사람들이 일반적으로 떠올릴 수 있는 회의실의 대표적인 유형이다. 회의 테이블의 좌석 수에 따라 회의실 사용 인원을 정할 수 있다. 반면 같은 회의실이라도 가구를 다르게 배치한다면 좀 더 편안한 분위기의 캐주얼 회의실로 사용할 수 있다. 딱딱한 업무용 의자보다는 가볍고 편안한 스툴을 배치하기도 하고, 휴게실에 있어야 할 것 같은 소파와 소파 테이블을 배치하여 좀 더 편안한 분위기의 회의 공간을 만든다.

협업의 유형에 따른 회의 공간 구성

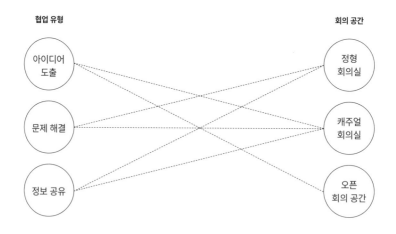

벽이 없는 회의 공간도 계획할 수 있다. 오픈 회의 공간은 실 구획 없이 배치해 놓은 회의용 스팟Spot이다. 오픈 회의 공간은 오피스 곳곳에 배치하여 간단한 협업이 필요할 때 사용하기에 적절하다. 회의실을 체크해서 예약하고 회의실까지 자리를 이동하여 회의를 시작해야 하는 일련의 과정에 시간을 보낼 필요가 없기 때문이다. 또한 일반적인 회의용 가구가 아닌 간단한 바 스툴과 스탠딩 테이블을 배치한다면 신속하게 진행해야 하는 협업에 더욱 효율적으로 활용할 수 있다.

이처럼 회의실의 공간 구성이 다양해지면서 보다 세밀한 공간 활용 방법이 제안되고 있다. 아이디어를 모아야 하는 협업에는 서로 자유롭게 말할 수 있는 회의실이, 문제를 해결해야 하는 협업에는 문제의 본질에 집중할 수 있는 회의실이 필요하다. 이제는 관심의 초점을 회의실이 아니라 협업의 목적으로 돌려야 한다. 직원들이 왜, 어떻게 협업하는지 먼저 구체적으로 파악한다면 그에 적합한 회의 공간은 수월하게 도출할 수 있기 때문이다.

아이디어 도출

아이디어 도출 협업은 문제의 본질을 파악하고 해결 방향을 찾아낼 때 필요하다. 새로운 영업 전략의 방향을 찾거나, 세미나의 주제를 정하는 등 정해진 목표를 향해 달려가는 것이 아니라 추구해야 하는 목표 자체를 정해야 하기 때문에 가장 창의적이고 열린 마음으로 진행하는 협업이다. 아이디어 도출 협업에서 가장 중요한 것은 모든 참석자들이 자유롭게 의견을 낼 수 있어야 한다는 점이다. 미숙한 의견이라도 함께 발전시켜 나가며, 진지하거나 정돈된 의견이 아니라고 해서 발언을 포기하는 일이 없어야 한다.

보다 적극적이고 활발한 협업을 끌어내려면 직원들의 마음가짐을 변화시킬 수 있는 공간을 마련하는 것이 좋다. 회의실의 내부를 다채로운 가구와 인테리어 디자인을 이용하여 가볍고 활기차게 꾸미는 것이 대표적인 방법이다. 집중과 정확함이 요구되는 공간인 오피스에서는 쉽게 사용하지 않는 화려한 색채를 도입하거나 부드러운 소파와 경쾌한 스툴, 작은 테이블 같은 커뮤니케이션 가구를 배치하여 회의실을 아이디어와 도전의 공간으로 만들 수 있다. 회의에 참석한 사람들의 마음가짐이 회의 전체의 분위기를 좌우하므로 보다 즐겁고 흥미로운 회의실을 제공하는 방식을 통해 창의적인 회의 분위기를 유도할 수 있다.

회의 참석자에게 새로운 자극을 주고 싶다면 회의실을 나와 밖으로 나가는 것도 좋은 방법이다. 오픈 회의 공간을 사용하는 직원들은 주변을 지나다니는 사람들의 발걸음 소리나 대화 소리, 옆 테이블 사람들의 회의 내용과 같은 소음에 고스란히 노출된다. 하지만 미국 일리노이대의 라비 메타 교수의 연구에 따르면 이러한 소음이 오히려 창의적인 생각에 도움을 준다고 한다.[7] 연구진은 세상에 없는 물건을 고안하거나 익숙한 물건을 다르게 사용하는 방법 등 엉뚱한 질문을 실험 참가

편안한 소파를 배치한 캐주얼 회의실에서는 서로 자유롭게 아이디어를 공유하며 협업할 수 있다.

오픈 회의 공간에 스탠딩 테이블과 가벼운 바 스툴을 함께 배치하여 신속한 의견 교류를 위한 공간으로 활용도를 높일 수 있다.

자에게 던졌는데 조용한 환경에 비해 적당한 소음이 있는 환경에서 흥미로운 답변을 내놓는 경우가 많았다고 한다. 연구진은 소음이 정신을 분산시키면서 평소와 다른 방식으로 생각하도록 두뇌를 자극하기 때문이라고 분석했다. 이 때문에 오픈 회의 공간은 회의 참석자들에게 지속적인 자극을 주어 회의의 긴장감을 높이고 새로운 아이디어를 찾을 수 있는 환경을 제공한다.

문제 해결

문제 해결 협업은 프로젝트의 목표 달성을 위해 문제를 해결할 수 있는 실무적 방법을 찾고, 상세한 액션 플랜을 정하며 이를 평가하는 방식으로 진행된다. 문제 상황을 파악하기 위해 실무자가 프로젝트의 실행 현황을 보고하거나, 향후 진행 방향을 결정하기 위한 토론이 진행되기도 한다.

이 때문에 문제 해결 협업은 참석자들이 집중할 수 있고 논의에 깊게 몰입할 수 있도록 공간이 구성되어야 한다. 벽으로 구획된 회의실을 사용하면 참석자들이 외부와 분리된 독립된 공간에서 마음껏 토론할 수 있다. 벽은 외부 소음을 차단하기도 하지만 동시에 내부의 이야기를 새어나가지 않게 해준다. 문제 해결 협업에서는 영업 비밀과 같은 기밀 사항이 논의 내용에 포함되는 경우가 많으므로 주변 사람이 논의 내용을 들을 수 없는 닫힌 공간에서 진행하는 것이 적합하다. 만약 벽과 같은 소음 차단 요소가 없다면 사람들은 논의 내용이 주변 사람에게 들리지 않도록 일부러 목소리를 줄이거나 잠시 대화를 중단해야 하므로 협업 진행에 불편을 겪게 된다.

집중과 몰입이 중요한 만큼 분위기는 화려한 것보다 차분한 것이 좋다. 소파나 소파 테이블은 공간의 분위기를 활기차게 만들어주지만, 자료를 늘어놓고 토의하거나 발언 내용을 기록하고 정리해야 하는 문제 해결 협업의 특성에 적합하지 않다. 활기찬 분위기를 주고 싶다면 회의용 의자의 색상을 바꾸는 가벼운 방법으로 분위기를 전환하는 정도가 적합하다. 만약 논의가 2~3시간 넘게 길게 진행되는 경우가 많다면 업무 공간에 사용하는 고기능 의자를 회의실에 제공하여 참석자가 오래 앉아 있어도 불편함을 느끼지 않도록 해야 한다. 일반적으로 커뮤니케이션 의자는 잠깐 앉아 있는 사용자에게 맞추어 디자인하기 때문에 오래 앉아 사용하기에는 적합하지 않다.

정보 공유

정보 공유 협업은 조직 내 결정 사항 및 근황을 구성원에게 전달하거나 직원들의 발전을 위하여 새로운 정보를 교육하기 위해 진행한다. 일반적으로 경영상의 결정 내용을 직원들에게 전달하거나, 외부

1 산뜻한 컬러감과 가벼운 분위기의 의자류를 업무 협의에 좋은 빅테이블과 함께 배치한다면 편안한 분위기의 정형 회의실을 만들 수 있다. 2 문제 해결 협업은 토론이 오랜 시간 지속되는 경우가 많으므로 회의용 의자 대신 업무용 의자를 배치하여 회의 참석자가 불편함을 느끼지 않게 하는 것이 좋다.

강사의 강연 및 교육을 진행하게 되는데, 이러한 내용의 특성상 업무 관련성이 낮은 사람도 정보를 얻기 위해 가벼운 마음으로 참석하는 경우가 많다. 이 때문에 정보 공유 협업은 그 규모가 다른 협업에 비해 훨씬 편차가 크고 다양하다.

적은 인원부터 대규모 인원까지 다양하게 참석하는 정보 공유 협업에는 공간의 가변성이 높은 회의실이 적합하다. 부서 단위에서 경영 전략을 전달하는 수준이라면 10명 이내의 사람들이 일반적인 회의 대형으로 진행할 수 있지만, 여러 부서가 함께 모여 세미나를 듣는 경우라면 20~30명 정도가 강의실 대형으로 앉아야 하기 때문이다. 더 많은 사람을 수용하기 위해 회의 테이블 없이 의자만 사용할 수도 있다. 이 때문에 고정된 회의 테이블이나 의자보다 움직일 수 있는 가구가 배치된 회의실이 필요하다. 커다란 회의 테이블 1개를 사용하기보다 소형 테이블을 여러 개 배치하여 전달하는 내용에 따라 둥글게 모여 앉거나 정면을 향해 앉는 등 회의실 레이아웃을 유연하게 변경할 수 있는 가구를 사용해도 좋다.

만약 직원들이 경영 전략을 숙지하거나 새로운 지식을 학습하는 것에 지루함을 느낄 수 있다는 걱정이 생긴다면 색다른 공간에서 협업을 진행하여 사람들의 마음가짐에 영향을 주는 것이 좋다. 즐겁고 쾌활한 공간에 사람들을 불러 모아 시작 전부터 분위기를 활기차게 조성한다면 참석자들은 전달하려는 내용 역시 재미있을 것이라는 기대를 하게 된다. 캐주얼 회의실에는 공간의 한계가 있으므로 10명 내외의

이동 및 조합이 가능한 1인용 회의 테이블을 배치한다면 한정된 회의 공간을 탄력적으로 사용할 수 있다.

무빙월을 사용한다면 넓은 공간 1개를 작은 회의실 여러 개로 사용하여 공간을 유동적으로 활용할 수 있다.

인원이 진행하는 협업에 적합하며, 수십 명 이상의 사람이 동시에 참석하는 세미나는 잘 꾸며진 로비 공간에 스크린을 설치하는 방식을 시도할 수 있다.

회의실은 왜 항상 부족할까

필요할 때 바로 사용할 수 있는 회의실이 없다면 직원들의 피부에 닿는 불편함은 상상 이상으로 커진다. 회의실을 확보하지 못한 직원들은 비어 있는 회의실을 찾아 회사 곳곳을 떠돌아다녀야 한다. 마침 비어있는 회의실을 찾아내더라도 같은 곳을 사용하고 싶은 경쟁자와 마주치게 된다. 누가 회의실을 사용할 것인지, 그리고 언제까지 사용할 것인지 의논해야 하며 둘 중 한 팀은 선택의 기로에 선다. 회의 시간을 미루거나, 다시 회의실을 찾아 떠나야 한다. 무엇이든 아까운 시간을 낭비해야 한다.

이러한 문제가 발생하는 이유는 크게 두 가지로 나눌 수 있다. 첫째, 회의 공간의 숫자가 절대적으로 부족하기 때문이다. 많은 기업이 회의실의 면적이 절대적으로 부족하여 협업 진행에 어려움을 겪고 있다. 이러한 기업 대부분은 자사의 회의실이 얼마나 부족한지 제대로 파악하지 못하고 있다는 데 문제가 있다. 각 기업이 정확한 판단을 하기 위해서는 국내 오피스의 면적 변화를 살펴볼 필요가 있다. 퍼시스 공간 데이터베이스에 따르면 국내 오피스에서 회의 공간이 차지하는 면적은 점차 늘어나고 있다. 2010년 이전 오피스에서 회의 공간이 오피스 전체 면적에서 차지하는 비중은 9%에 불과하였다. 하지만 최근에는 그 비중이 대폭 증가하여 약 12% 수준까지 증가하였다. 오피스 전체 면적이 100㎡라면 이 중 12㎡를 회의 공간으로 사용하고 있다는 뜻이다. 원활한 협업을 위하여 회의 공간은 적어도 10% 이상 확보해야 하고, 현재 회의 공간의 면적이 전체의 5~6% 수준이라면 전반적인 공간 개선을 고려해보는 것이 좋다.

둘째, 회의실의 규모별 구성이 조직의 필요와 부합하지 않기 때

회의 공간 비율의 변화

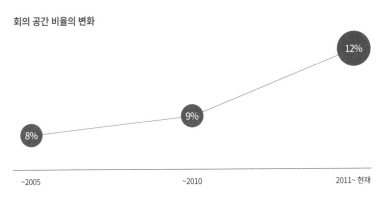

| ~2005 | ~2010 | 2011~ 현재 |

출처_ *퍼시스 공간데이터베이스

문이다. 이러한 기업은 면적 상으로는 회의 공간이 충분히 제공되는 경우가 많다. 하지만 회의실 하나하나의 크기가 너무 넓게 계획되어 있는 점이 문제가 된다. 대회의실만 계획되어 있으므로 회의실이 전체 면적에서 차지하는 비중은 높지만 정작 직원들이 사용할 수 있는 회의실의 개수가 부족한 상황이다. 똑같이 100㎡의 회의 공간이 주어지더라도 20㎡짜리 회의실이 5개 있는 경우와 50㎡짜리 회의실이 2개 있는 경우에 직원들이 체감하는 회의실의 활용도는 크게 차이가 난다. 전자의 경우 평소 실무 회의를 할 수 있는 회의실은 충분하지만, 대규모 회의를 하기에는 불편하다고 느낄 것이며, 후자의 경우 대규모 회의를 할 수는 있지만, 실무 회의를 할 수 있는 회의실이 부족하다고 느낄 것이다.

규모와 개수가 다른 두 가지 회의실 구성

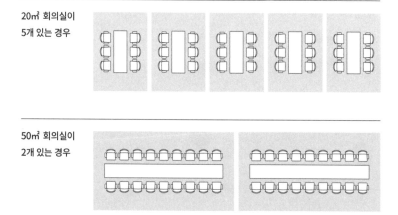

20㎡ 회의실이
5개 있는 경우

50㎡ 회의실이
2개 있는 경우

회의실 면적이 충분하더라도 규모 구성과 회의 형태가 일치하지 않는다면 회의실이 부족하다고 느끼기 쉽다.

회의실의 규모가 활용도를 결정한다

그렇다면 기업에는 어떤 규모의 회의 공간이 필요할까? 이를 파악하려면 우선 회의실의 규모를 명확하게 분류해야 한다. 기업마다 회의실을 부르는 명칭은 다양하지만 대부분 대회의실이나 소회의실과 같이 규모를 기준으로 이름을 붙인다. 하지만 똑같은 소회의실이라도 어떤 기업은 10㎡ 남짓한 공간을 소회의실이라 부르고, 어떤 기업은 50㎡가 넘는 넓은 공간을 소회의실이라고 부른다. 다른 회의실에 비해 상대적으로 작아서 소회의실이라는 이름을 붙였지만, 절대적으로는 매우 큰 회의실이다. 따라서 크다-작다라는 단순한 구분만으로는 명확한 기준을 세울 수 없다.

게다가 많은 사람이 생각하는 것과 달리 면적은 회의실의 규모를 정하는 첫 번째 기준이 아니다. 10명이 넉넉히 사용할 수 있는 넓은 회의실이 있다고 하더라도 그 안에 배치된 가구가 작은 원형 테이블과 회의용 의자 4개뿐이라면 그 회의실은 4인 규모의 회의실이 되어버린다. 반대로 4명이 사용하면 적당한 넓이의 회의실에 중간 규모 회의 테이블을 넣고 의자를 6개 배치한다면 그 회의실은 비좁긴 하지만 6인 규모 회의실이 된다. 따라서 회의실의 규모를 결정하는 첫 번째 요소는 면적이 아니라 그 안에 배치된 책상과 의자로 추측할 수 있는 사용 가능 인원이다.

규모에 따라 분류한다면 회의실은 '4인 이하', '5~8인', '9~16인', '17인 이상' 총 4가지로 구분할 수 있다. 퍼시스 공간데이터베이스에 따르면 전체 회의실 중에서는 5~8인 회의실이 44.2%, 그다음으로는 9~16인 회의실이 32.0%로 많았다. 최근에는 17인 이상 회의실이 줄어들고 5~8인과 9~16인 규모의 중규모 회의실이 늘어나는 추세다.

물론 4가지 규모의 회의실을 배치하는 절대적인 비율은 존재하지 않는다. 어떤 기업은 4인 이하 회의실이 많이 필요하고, 어떤 기업

사용 인원수를 기준으로 한 4가지 규모별 회의실

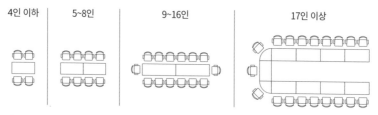

4인 이하　　　5~8인　　　　　9~16인　　　　　　　　17인 이상

출처_ *퍼시스 공간데이터베이스

은 9~16인 회의실이 많이 필요할 수 있다. 따라서 조직에서 발생하는 회의의 특성을 조사하여 규모별 회의실 개수를 결정해야 한다. 가장 자주 발생하는 회의 인원을 조사하여 소형 회의실의 규모를 결정해야 하고, 부서의 평균 인원을 고려하여 대형 회의실의 규모를 결정해야 한다. 이러한 협업 특성에 더하여 4가지 회의실의 장단점을 고려하여 기업에 가장 적합한 회의실 규모를 결정한다면 회의 공간을 효율적으로 배분할 수 있다.

4인 이하_ 여러 용도로 사용할 수 있는 알찬 회의실

4인 이하 회의실은 평균적으로 10.6㎡ 정도의 넓이이며 면적이 좁은 만큼 작은 원형 테이블 1개나 소형 회의 테이블 1개를 배치하게 된다. 이 때문에 4인 이하 회의실은 다른 회의실에 비해 범용성이 떨어진다고 생각할 수 있다. 회의에 필요한 자료를 한 번에 올려놓기에 불편할 수 있고, 5~8인 회의실에서 3명이 회의하는 것은 가능하지만, 4인 이하 회의실에서 6명이 회의하는 것은 불가능하기 때문이다. 이러한 이유로 4인 이하 회의실의 비중은 전체 회의실의 약 11% 정도로 높지 않다. 하지만 어떤 기업에는 4인 이하 회의실이 탁월한 선택이될 수 있다. 우선 소규모 회의가 자주 발생하여 회의실 부족에 시달리는 기업이라면 4인 이하 회의실을 많이 만들어 회의실 부족 현상을 해결할 수 있다. 자투리 공간을 회의실로 활용할 수 있으므로 다른 회의실보다 더 많이 계획할 수 있다는 점 역시 장점이다. 또한, 4인 이하 회의실은 회의실 이외의 기능으로 사용할 수 있다는 점에서 빛을 발한다. 1인이 사용하는 집중 업무 공간이나 폰 부스로도 활용할 수 있고, 상담실로도 사용할 수 있다.

4인 이하 규모의 회의실

4인 이하	구성비율	평균 면적	평균 사용 시간
	11.0%	10.6㎡	42min

출처_ *퍼시스 공간데이터베이스, **퍼시스 e-survey

5~8인_ 가장 기본적인 회의실

5~8인 회의실의 크기는 평균적으로 17㎡ 정도다. 이를 사각형 회의실로 생각해본다면 가로 4m, 세로 4m의 회의실이나 가로 6m, 세로 3m의 회의실 정도가 된다. 이 정도 규모의 회의실은 많은 사람에게 매우 익숙한 규모다. 실제로 퍼시스 e-survey에 따르면 5~8인 규모 회의가 가장 많이 발생한다고 응답한 사람은 전체 62%로 가장 많았으며, 퍼시스 공간데이터베이스에 등록된 회의실 2,180개 중 5~8인 규모 회의실은 전체 44%로 가장 많았다.

5~8인 회의실의 수요가 이처럼 높은 까닭은 최근 협업의 특성상 실무 진행에 직접 관여하는 인원이 5~8명 남짓한 규모이기 때문이다. 약 2~3개 팀에서 실무자 1~2명씩 참여하는 협업의 특성상 실무를 논의하는 회의실에는 5~8명 정도의 사람이 모이게 된다. 실제로 대한상공회의소에서 발행한 회의문화 종합 보고서에 따르면 회의당 평균 참석자는 8.9명이었으며 그 중 업무와 관계가 낮아 참석하지 않았어도 무방한 인원은 평균 2.8명이었다.[8] 다시 말해 회의에서 꼭 필요한 인원은 평균적으로 6.1명 정도라는 뜻으로 볼 수 있다. 이처럼 5~8인 회의실은 기업에서 가장 많이 필요로 하는 회의실이며, 가장 기본적인 회의실이다. 그러므로 다른 규모의 회의실보다 5~8인 규모의 회의실을 우선적으로 계획하는 것이 좋다.

5-8인 규모의 회의실

5~8인	구성비율	평균 면적	평균 사용 시간
	44.2%	16.9㎡	63min

출처_ *퍼시스 공간데이터베이스, **퍼시스 e-survey

9~16인_ 합리적인 규모의 회의실

9~16인 규모의 회의실은 평균적으로 29.8㎡ 정도이다. 많은 기업에서 대중적으로 사용하는 크기의 회의실이다. 실제로 퍼시스 공간데이터베이스에 등록된 회의실 2,180개 중 9~16인 회의실은 전체 32%를 차지하여 두 번째로 많이 계획되는 회의실로 나타났다. 9~16인 회의실이 인기가 있는 이유는 팀 회의를 하기 적합한 크기이기 때문이다. 한국여성정책연구원이 2014년 290개 기업을 대상으로 진행한 조사에 따르면 소속 팀이나 부서의 평균 인원은 15명으로 나타났다. 즉 부서원 전체가 한 번에 모여서 회의를 할 때도 9~16인 규모 회의실만 있으면 충분하다는 뜻이다.

회의실은 규모가 커질수록 기회비용도 함께 상승한다. 한 팀이 사용하면 다른 팀이 사용할 수 없기 때문이다. 한 번에 30명이 넘는 인원이 사용할 수 있는 회의실이라도 5명이 사용하고 있다면 이미 꽉 찬 상태가 된다. 따라서 팀 전체가 사용할 수 있는 규모인 9~16인 회의실은 기업에 있어 가장 합리적인 규모의 회의실이다. 회의실의 적정 사이즈를 유지하는 것이 중요해지면서 9~16인 회의실의 인기도 높아지고 있다.

9-16인 규모의 회의실

9~16인	구성비율	평균 면적	평균 사용 시간
	32.0%	29.8㎡	77min

출처_ *퍼시스 공간데이터베이스, **퍼시스 e-survey

17인 이상_ 꼭 필요한 곳에 하나씩 계획하는 거대한 회의실

17인 이상의 대형 회의실은 대규모 인원이 들어갈 수 있도록 회의 테이블 외에도 배석 의자가 놓여있는 경우가 많다. 사실 17인 이상 회의실 1개를 쪼개서 5~8인 이하 회의실을 3개 만들 수 있으므로 꼭 필요한 것이 아니라면 많이 계획하지 않는 편이 공간 활용에 좋다. 전체 회의실 중 17인 이상 회의실이 차지하는 비중은 2005년 이전 15%였지만 현재는 12.9%로 축소되었다. 17인 이상 회의실은 많은 공간을 차지하는 만큼 꼭 필요한 수준으로 계획하여 공간 활용을 제대로 하는 것이 중요하다.

17인 이상 회의실의 평균 면적은 60㎡이지만, 그 편차가 다른 회의실보다 매우 크다는 점이 특징이다. 이는 기업에서 발생할 수 있는 가장 큰 회의에 맞추어 계획되기 때문이다. 17인 이상 회의실은 기업의 협업 특성에 따라 두 가지 선택을 할 수 있다. 만약 최대 규모 회의가 자주 발생한다면 회의실의 공간 구성은 최대 규모 회의에 꼭 맞게 구성하는 편이 좋다. 하지만 최대 규모 회의가 드물게 발생한다면 오히려 공간 구성을 유연하게 하여 회의실의 활용도를 높이는 전략이 좋다. 대규모 임원 보고뿐만 아니라 외부인에게 진행하는 프레젠테이션, 여러 부서가 함께하는 교육 공간으로 계획한다면 넓은 공간이어도 높은 공간 활용을 할 수 있다.

17인 이상의 회의실_ 많은 인원이 참석할 수 있도록 배석 의자를 추가하기도 한다.

17인 이상	구성비율	평균 면적	평균 사용 시간
	12.9%	60.0㎡	90min

출처_ *퍼시스 공간데이터베이스, **퍼시스 e-survey

협업의 효율을 높이는 기술, 미디어 장비

아직도 많은 기업에서 회의를 준비할 때 회의용 자료를 종이로 출력하여 회의 참석자 수에 맞게 배포하고 있다. 오타가 발견되기라도 하면 직원들의 수고는 두 배로 늘어난다. 자료에서 오타를 수정하고, 수정한 페이지를 새로 출력한 뒤 기존 자료에서 페이지를 교체하는 대 작업을 벌여야 한다. 이러한 출력 작업은 종이를 많이 낭비한다는 문제 점은 물론이고 직원들의 시간과 노력이 필요하다. 이 때문에 조금만 더 손질하면 더 좋은 자료를 만들 수 있음에도 불구하고 페이지를 교체하 는데 걸리는 시간이 부담되어 진행하지 않는다는 또 다른 부작용을 낳게 된다.

페이퍼리스Paperless와 종이 없는 사무실은 이미 오래전부터 우리에게 익숙한 개념이지만 여전히 완벽하게 실천되고 있지는 않다. 어떤 사람들은 종이에 적힌 내용을 더 선호한다고 한다고 말하며, 모니터 속의 글자는 펜으로 고칠 수 있는 종이 자료를 이길 수 없다고 한다. 종이에 회의 자료를 출력하는 이유도 이런 담론과 크게 다르지 않다. 종이로 출력된 자료가 더 좋고 그편이 회의에 몰입할 수 있다는 것이다. 정말 사람들은 종이를 모니터보다 선호하는 것일까?

페이퍼리스 회의에 대한 사람들의 인식을 알아보기 위해 간단한 실험을 해보았다.[9] 같은 층에 나란히 있는 큰 회의실과 작은 회의실을 내부 세팅만 다르게 하여 사용한 뒤 세팅 변경에 따른 회의실 점유율에 차이가 생기는지 비교하는 실험이었다. 이를 위해 42인치 TV가 부착된 이동식 모니터 거치대가 준비되었다.

실험에 사용된 회의실 세팅의 형태

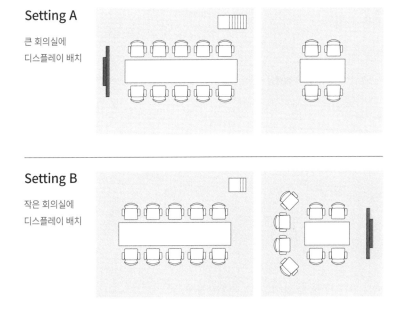

Setting A
큰 회의실에
디스플레이 배치

Setting B
작은 회의실에
디스플레이 배치

TV에는 PC와 인터넷을 연결하고 무선 마우스와 키보드를 함께 비치하여 사용자들이 회의하면서 PC를 조작할 수 있게 하였다. 이를 통해 회의실을 이용하는 사람들은 모니터 거치대를 사용하여 회의 자료를 종이에 출력하지 않고 바로 TV를 통해 공유할 수 있었다. 모니터 거치대를 큰 회의실에 배치한 Setting A를 5주간 사용하였고, 작은 회의실에 모니터 거치대를 배치하는 Setting B를 그다음 5주간 사용하였다. 그리고 회의실의 사용 여부를 30분에 1번씩 점검하며 회의실 점유율을 기록하였다.

10주간의 관찰 결과, 사람들은 모니터 거치대가 있는 회의실을 더 많이 사용한다는 것을 알 수 있었다. 큰 회의실에 모니터 거치대가 놓여 있을 때는 작은 회의실보다 약 2배가량 많이 사용하였고 모니터 거치대를 작은 회의실로 옮긴 후에는 큰 회의실보다 약 1.3배 많이 사용하였다. 결론적으로 사람들은 회의실 선택 시 다른 조건보다 모니터의 유무를 가장 중요하게 생각하였다.

디스플레이 위치변경 후 회의실 사용률 변화

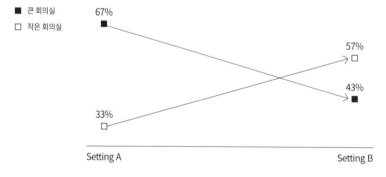

출처_ 퍼시스, <디스플레이 유무에 따른 회의실 사용률 조사 보고서>, 2014.

사실 실험에 사용된 회의실은 그 조건이 같지 않았다. 큰 회의실은 9~16인이 사용할만한 대형 규모의 회의실이었지만, 작은 회의실은 4인 규모의 회의실이었다. 심지어 작은 회의실은 엄밀히 따지자면 회의실이 아니었다. 조직 변경 후 비어 있는 임원실의 남는 회의 테이블을 회의실처럼 사용하고 있었다. 이처럼 두 개의 회의실은 그 특성과 장단점이 전혀 다른 공간이었으나, 사람들은 그러한 특성보다 모니터 거치대의 유무를 더 중요하게 여겼다. 때로는 큰 회의실에서 남는 의자를 가져와 좁고 작은 회의실에 빽빽하게 앉은 채 모니터를 들여다보면서 팀 회의를 진행하는 경우도 있었다.

　　모니터 거치대를 선호하는 이유를 조사했을 때 의외의 대답이 나왔다. 직접 사용해보니 자료를 출력하는 것이 더 귀찮다는 것이다. 종이 자료가 더 편하다고 말하던 사람들이었지만 새로운 페이퍼리스 회의 방식에 적응한 후에는 오히려 모니터가 더 편하다고 대답했다. 이처럼 사람들은 종이를 더 선호하기 때문에 자료를 출력하는 것이 아니라 그렇게 하는 것이 더 익숙하거나, 혹은 그렇게 하는 것 외에는 방법이 없기 때문이다.

　　다만 페이퍼리스가 쉽고 빠른 협업 방법이라는 사실을 알고 있어도 페이퍼리스 회의를 할 수 있는 환경이 갖춰지지 않았다면 실행을 할 수 없다. 자료를 스크린에 띄우기 위해 미리 빔프로젝터와 노트북을 빌려서 회의 전에 세팅해야 하는 수고를 들여야 한다면, 사람들은 오히려 인원수대로 자료를 출력하는 편이 더 쉽고 빠른 방법이라고 생각할 것이다.

　그렇다면 미디어 장비를 활용한 회의실은 구체적으로 어떤 모습이어야 할까? 우선 앞서 말한 모니터와 같은 디스플레이가 필요하다. 빔프로젝터와 스크린을 활용하면 큰 화면을 구현할 수 있지만, 값이 비싸고 사용 및 관리가 어렵다. 이 때문에 큰 화면이 필요 없는 중소 규모 회의실에는 TV나 대형 모니터를 사용하는 편이 더 경제적이다. 이제 디스플레이와 컴퓨터를 연결하여 회의실당 1개씩 배치하면 된다. 본체의 크기가 점점 줄어들면서 이제는 4인 이하 소형 회의실이나 캐주얼 회의실, 혹은 오픈 회의 공간 같은 장소에도 디스플레이를 쉽게 연결할 수 있게 되었다.

　두 번째로 자료를 공유할 수 있는 시스템이 필요하다. 개인 컴퓨터에서 작업한 자료를 사람들과 공유하려면 회의실 컴퓨터에서 자료를 열어볼 수 있어야 한다. 회의 자료를 USB나 메일 계정을 이용하여 옮길 수도 있지만, 이것보다는 자료 공유 서버를 마련하는 편이 훨씬 효율적이다. 자료의 분실 위험도 줄어들고, 보안상의 문제로 자료 유출의 위험도 낮아지기 때문이다. 이 때문에 자체적인 서버를 구축하는 기업이 늘어나고 있고 기업 내에서 사용하기 위해 클라우드 서비스를 구매하는 기업도 있다.

　마지막으로 여러 디스플레이를 연결하는 시스템 또한 중요하다. 기업에서 노트북 사용자가 늘어나면서 회의 시 자신의 노트북을 들고 참석하는 사람들이 많아지고 있다. 내가 보고 있는 노트북 화면을

1 노트북을 사용하는 기업이 많아지면서 무선으로 화면을 공유할 수 있는 장비를 회의실에 배치하는 기업이 늘어나고 있다. 2 디스플레이를 활용하면 더욱 간편하고 효과적인 자료 공유와 회의가 가능하다.

회의 참석자 전체에게 보여주며 내용을 설명하는 협업 형태가 많아지면서 쉽고 편한 화면 공유 시스템이 개발되고 있다. 회의 참석자들이 동일한 서버에 접속하여 화면을 공유할 수 있는 소프트웨어적인 접근과 소형 유닛을 노트북에 연결하여 대형 디스플레이에 노트북 화면을 출력하는 하드웨어적 접근이 있다. 이러한 특수 제품은 회의 참석자들이 각자 준비해온 자료를 쉽고 빠르게 공유할 수 있도록 도와준다. 만약 조직 내에 노트북 사용자가 많고 회의 참석자 간 화면 공유가 많다면 이러한 멀티 디스플레이를 지원해주는 추가적인 장비를 도입하여 보다 효율적인 협업을 시도하는 것이 좋다.

협업 역량이 기업의 경쟁력으로 직결되는 만큼 오피스의 협업 지원은 많은 기업의 중요 과제 중 하나다. 훌륭한 협업 문화를 정착시키기 위해 많은 기업이 협업의 룰을 정하고 선진 협업 문화를 벤치마킹하여 도입하고 있다. 직원들은 자신의 업무를 남에게 떠맡기는 소모적인 방식에서 벗어나 공동의 목표를 완수하기 위한 효과적인 업무 분장을 지향해야 하며 기업은 협업 결과에 대한 공정한 인사평가를 충분히 준비해야 한다.

이러한 소프트웨어적 준비와 함께 하드웨어적 준비도 반드시 진행되어야 한다. 열정과 의지가 충분하더라도 충분한 공간, 협업 유형에 적합한 회의실, 그리고 원활한 진행을 돕는 다양한 IT 장비 등이 부족하다면 직원들은 꼭 필요한 순간에 협업할 수 없다. 그리고 이러한 준비는 우리 기업이 지금 어떻게 일하는지, 그리고 앞으로 어떻게 일해야 하는지에 대한 진지한 통찰이 동반될 때 최고의 결과를 낳는다. 협업의 방식은 기업마다 모두 다르며, 그에 적합한 솔루션 역시 여러 갈래로 나뉜다. 그러므로 기업의 일하는 방식에 근거한 가장 적절한 솔루션을 골라 최고의 협업을 지원할 수 있는 오피스를 만들어야 한다.

한정된 공간을 다양하게 활용하기

우리 팀은 회의도 해야 하고 교육도 해야 하며 세미나도 해야 하는데 쓸 수 있는 회의실이 1개밖에 없다. 커다란 회의 테이블을 하나 놓자니 회의할 때는 좋지만 교육이나 세미나를 할 때 너무 불편하고, 그렇다고 강당 식으로 꾸미자니 회의가 어렵다. 이처럼 공간은 제한되어 있는데 이것저것 필요한 공간이 많다면, 하나의 공간을 다채롭게 활용할 수 있는 '이동형 가구'를 배치해보자.

- 이동형 가구는 한번 자리 잡으면 위치 변경이 어려운 무거운 가구가 아니라 바퀴를 이용해 자유로운 이동이 가능하다. 폴딩 기능이 있어 사용하지 않는 가구는 회의실 한쪽에 겹쳐서 깔끔하게 보관할 수 있다.
- 회의 테이블의 단위가 1~3인용으로 매우 작아 마치 레고처럼 원하는 형태의 레이아웃을 쉽게 만들 수 있다. 또한, 테이블의 크기가 작아지면서 무게도 줄어들었고, 남녀노소 문제없이 가구를 쉽게 옮길 수 있다.
- 프레젠테이션, 사업 보고 등 다수의 인원이 참석하는 대규모 컨퍼런스부터 소규모 인원으로 진행되는 협업 및 각종 교육까지 유연하게 구성할 수 있어 다양한 목적의 커뮤니케이션 상황에 대응하여 공간 활용도를 높인다.

1 같은 공간이라도 레이아웃만 바꾸어 다양하게 활용할 수 있다. 이동형 가구로 만들 수 있는 다양한 레이아웃을 숙지한다면 공간의 사용 목적에 따라 적합한 레이아웃을 선택할 수 있다.

Conference
사업전략회의

Group studying
비지니스 영어회화

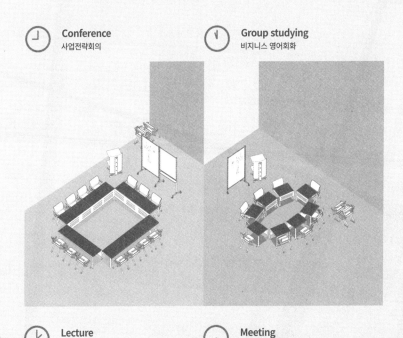

Lecture
디자인 트렌드 세미나

Meeting
신제품 TFT

직장에서 행복한 분위기를
장려하는 일이 가치 있는 일일까?
물론이다. 단, 업무를 보완해주고
진정성이 느껴져야만
성공의 원동력으로 작용한다.

- 론 프리드먼, 『공간의 재발견』

3

사무환경이
세렌디피티를 만든다

Fostering Creative Buzz

오피스에는 우연한 만남이 필요하다

전 세계 곳곳에 진출해 있는 스타벅스는 한국에도 매장이 1,000개가 넘을 정도로 유명한 카페 체인이다. 많은 사람이 지금은 거대 체인으로 성장한 이곳을 시애틀 수산시장 근처의 작지만, 운치 있는 카페에서 시작했을 것으로 생각한다. 하지만 최초의 스타벅스는 카페가 아니라 원두 유통업체였다. 커피콩을 사고팔던 작은 유통업체가 어떻게 오늘날 세련된 카페의 대명사로 불리는 스타벅스가 되었을까?

스타벅스의 변신에는 흥미로운 우연이 겹쳐있다.[10] 스타벅스의 CEO 하워드 슐츠는 스타벅스의 창립 멤버가 아니었다. 어느 날 슐츠는 우연히 특이한 소매상 스타벅스와 마주쳤다. 당시 스타벅스는 시애틀에 겨우 4개의 소규모 매장을 보유한 작은 유통업체였으나 대형 백화점보다 커피 추출기를 더 많이 구매하고 있었다. 슐츠는 이 업체에 흥미를 느끼고 시애틀 스타벅스를 방문하였다. 이 만남을 계기로 그는 스타벅스의 마케팅 담당자가 되었다. 이것이 스타벅스 혁신을 이끈 첫 번째 우연이다. 두 번째 우연은 그 이듬해 나타났다. 이탈리아 밀라노에 방문한 슐츠는 이탈리아식 카페를 체험하게 되었다. 작은 에스프레소 바 안에는 바리스타가 미소를 지으며 손님을 맞이하였다. 바리스타가 직접 카푸치노를 만들어주었고, 사람들은 에스프레소 바 안에서 커피를 마시며 이야기를 나누고 있었다. 이탈리아의 자유로운 커피숍 문화는 슐츠에게 우연한 통찰력으로 다가왔다. 그는 스타벅스가 커피를 마시며 긴장을 풀고 쉴 수 있는 아늑한 공간으로 변해야 한다고 주장하였고, 이후 스타벅스는 고객에게 감성적인 공간과 커피를 제공하는 새로운 형태의 커피숍의 대명사가 되었다.

스타벅스뿐만 아니라 성공한 기업가에게 성공의 비결을 묻는다면 공통으로 대답하는 내용이 있다. 그들은 성공의 발판을 우연히 찾아낼 수 있었다고 말한다. CEO들이 입을 모아 말하는 '운이 좋았다'는 단지 겸손이 아니다. 실제로 기업의 현실적인 성공에는 어느 정도의 운이 따라주어야 한다. 과거의 경험과 논리, 치밀한 분석과 같은 차가운 이성에 더하여 뜻밖의 아이디어가 합쳐질 때 성공을 끌어낸다.

이처럼 뜻밖의 만남, 우연한 통찰력, 운 좋은 모험과 같은 우연한 성공을 세렌디피티Serendipity라고 부른다.[11] 세렌디피티는 전설의 보물을 찾아 떠난 여행에서 우연한 사건과 예상치 못한 행운을 통해 지혜와 용기를 얻는다는 페르시아 동화에서 유래했다. 동화 속처럼 전설의 보물을 찾는 여행은 아니지만, 직원들은 자신의 업무를 수행하기 위해 매일매일 새로운 도전을 하고 있다.

우리는 예정에 없던 우연한 만남에 의한 커뮤니케이션에 좀 더 익숙해져야 한다. 평소에 우리는 주로 업무 조정을 위한 커뮤니케이션, 정보 전달을 위한 커뮤니케이션에만 집중하고 영감을 떠오르게 하는 커뮤니케이션은 업무에 도움이 되지 않는 낭비라고 생각하는 경향이 있다. 하지만 이는 사실과 다르다. 업무와 관련없는 이야기라도 직원이 모여 서로 교류하고 상호 친밀감을 가지게 된다면 어느 순간 세렌디피티의 순간이 찾아오게 된다.

새로운 아이디어와 혁신의 기회를 적극적으로 만들고 싶다면 세렌디피티가 발생하기 쉬운 환경을 마련하는 것이 좋다. 이미 노트북, 태블릿PC, 스마트폰의 보급으로 직원들은 사내 곳곳을 자유롭게 다니며 일할 수 있게 되었다. 다양한 업무 공간이 늘어나고 있고 협업을 위해 회사 여기저기를 돌아다니는 직원들도 많아졌다. 우연과 재미 그리고 혁신을 만들어낼 수 있는 조건은 그 어느 때보다 확실하게 주어져 있다. 이제 이러한 기반을 충분히 활용할 수 있는 오피스를 만들어 세렌디피티를 준비할 차례이다.

우리 모두는 누군가에게 행운이 된다

골치 아픈 문제를 단박에 해결해주는 천재는 없지만, 새로운 돌파구를 마련해줄 동료는 많은 법이다. 서로 분야가 다른 직원과 만나 이야기를 나누다 보면 새로운 아이디어가 샘솟기도 하고 직원 사이의 친밀도 역시 높아진다. 직원 사이의 친밀도는 의외로 중요한 역할을 한다. 사실 조직 내에서 무언가 개선을 하고 싶어도 어떤 사람이 전문가인지 잘 모르기 때문에 업무를 진행하기가 쉽지 않은 경우가 많다. 특정한 지식을 가진 사람이 필요하여 백방으로 수소문하고 다녔는데, 알고 보니 바로 옆 부서의 사람이 전문가였다는 일화는 쉽게 들을 수 있다. 하지만 직원 사이의 친밀도가 높다면 누가 전문가인지 미리 파악하거나 최소한 누가 전문가인지 알고 있는 사람을 더 쉽게 만나게 될 것이다.

그렇다면 직원 사이의 자연스러운 소통은 어떻게 장려할 수 있을까? 가장 확실한 방법은 관련 있는 직원들이 자주 만날 수 있도록 가깝게 배치해주는 것이다. 미시간 주립대 오웬 스미스 교수의 연구에 따르면 직원들의 소통과 협업은 물리적 거리와 밀접한 관계가 있다.[12] 연구진은 연구실, 사무공간, 가장 가까운 화장실, 엘리베이터 등 과학자 172명의 동선을 조사한 후 동선이 겹치는 정도와 공동작업의 상관관계를 분석했다. 그 결과 동선이 3m 겹칠 때마다 협업은 최대 20%까지 늘어났다. 가까이 앉아 있을수록 직원 간 협업이 늘어나는 것으로 나타난 것이다.

직원 간의 거리가 소통에 영향을 미치는 연구결과는 또 있다.

거리에 따른 커뮤니케이션 빈도

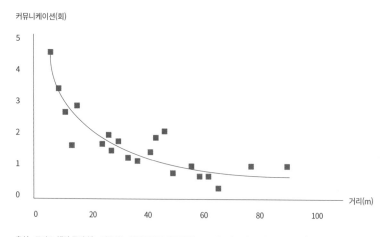

출처_ 토마스 앨런·군터 헨, <성공하는 기업 조직과 사무공간(Managing the Flow of Technology)>, 퍼시스 북스, 2008.

MIT 경영대학원 토머스 앨런 교수는 직원과 직원 사이의 거리가 50m가 넘어가면 정기적인 커뮤니케이션이 감소한다고 말했다.[13] 특히 함께 진행해야 하는 프로젝트가 없는 관계일 경우 교류는 말 그대로 단절되었다. 앨런 교수는 대면 소통만 사라졌을 뿐 이메일이나 전화 같은 수단으로 거리의 문제를 극복했을지도 모른다는 생각에 추가 조사를 진행했다. 전화나 이메일은 물리적으로 먼 거리에서의 의사소통을 좀 더 편리하게 지원하기 위한 수단이므로 물리적 거리가 멀어질수록 그 빈도가 오히려 증가할 수도 있다는 추측 때문이었다. 하지만 거리가 멀어질수록 대면 소통은 물론이고 전화와 이메일 등의 모든 커뮤니케이션이 감소하였다. 이는 전화와 이메일은 업무를 처리하는 용도보다 직접 만나 대화하기 위한 일정을 잡는 용도로 더 많이 사용하기 때문이었다.

이러한 분리의 문제는 어떻게 해결할 수 있을까? 직원들이 자연스럽게 소통하려면 물리적 거리를 가깝게 해주는 것이 중요하다. 하지만 오피스를 계획할 때 물리적 거리를 가깝게 하려고 모든 직원의 워크스테이션을 다닥다닥 붙여서 한 공간에 몰아넣을 수는 없는 법이다. 따라서 현실적인 방안은 직원과 직원 사이의 거리가 50m 이상으로 벌어지는 것을 극복할 수 있는 공간적 해결책을 찾아내는 것이다.

우연한 만남을 만드는 공간 혁신 방법

우연한 소통이 일어나는 허브 공간

50m 이상 떨어져 앉은 직원들이 서로 단절되지 않은 채 자연스럽게 이야기의 물꼬를 트기 위해서는 어떤 대비를 해야 할까? 놀랍게도 빅데이터는 정수기의 위치를 바꾸라고 충고한다.14 비공식적 커뮤니케이션을 유발하는 가장 효과적인 수단은 바로 오피스의 정수기라는 연구 결과가 있다. 우선 정수기는 층마다 1개 이상 있다. 그리고 사람들은 하루에도 몇 번씩 물을 마시기 위해 이곳을 찾아오게 된다. 이 과정에서 우연히 다른 직원들을 만나게 되고 눈이 마주친다면 웃으면서 한두 마디 이야기를 건네게 된다. 정수기는 이러한 방식으로 50m의 벽을 허문다. 이 때문에 구글을 비롯한 기업들은 정수기의 위치를

바꾸면서 가장 효과적인 소통이 일어나는 지점을 테스트했다고 한다.

정수기로 대표되는 이 작은 공간이 바로 오피스 내 허브 공간의 역할을 한다. 허브 공간이란 사람들이 모이는 활동의 중심지를 뜻하는 단어로, 오피스 내에서는 직원들이 계획하지 않은 우연한 만남을 만들어 낼 수 있는 공간이다. 허브 공간이라고 하면 매우 거창한 공간처럼 느껴지지만, 위에서 말한 작은 정수기 하나부터 우리가 일반적으로 생각하는 휴게 공간들을 모두 포함하는 개념이다. 간단한 정수기와 싱크대, 테이블과 소파가 배치된 공간을 우리는 일반적으로 휴게 공간이라고 부른다. 과거에는 이러한 휴게 공간을 일 안 하고 노는 공간이라고만 생각하며 부정적으로 인식하는 사람들이 많았다. 하지만 점차 다양한 기능의 공간들이 오피스 내에 등장하면서 휴게 공간은 업무 재충전을 위한 휴식 공간을 넘어서 캐주얼한 미팅과 창의적인 협업이 가능한 공간으로 변화하고 있다.

실제로 최근에는 오피스 내에 휴게 공간을 계획하는 기업들이 늘어나고 있다. 2010년 이전에는 휴게 공간이 하나도 없는 기업이 전체의 30%에 달했다. 이런 기업은 주로 통로나 출입문 옆 등의 남는 공간에 정수기만을 배치하는 식이었다. 이런 경우의 정수기는 허브의 역할을 제대로 하지 못한다. 업무 공간과 붙어있거나 통행이 잦은 출입문, 복사기 옆, 혹은 복도에 놓여있었기 때문이다. 사람들과 잠깐의 담소를 나눌 공간적 여유가 전혀 없어 직원들은 정수기에서 물만 얼른 마시고 자리로 돌아가야 했다. 하지만 2011년 이후에는 휴게 공간이 하나도 없는 기업이 전체의 약 10%로 크게 줄어들었다. 또한, 휴게 공간을 3개 이상 계획하는 기업도 꾸준히 증가하고 있다. 휴게 공간, 즉 허브Hub 공간의 중요성을 깨달은 기업이 점차 늘어났다는 뜻이다.

휴게 공간들을 포함한 허브 공간은 오히려 다양한 아이디어를 만들어내는 소통의 장이다. 직원들은 누가 시키지 않아도 허브 공간을 찾아가며 그곳에서 다른 사람들과 함께 이야기를 나눈다. 같은 프로젝트를 진행하는 직원끼리 현재 업무의 진척 상황에 대해 가볍게 이야기하다가 크고 작은 결정 사항에 대해 토론하기도 한다. 업무는 겹치지 않지만 평소 친하게 지내던 직원들은 요즘 하는 일에 대하여 서로 묻고 답한다. 이들과 전혀 친분이 없는 직원일지라도 다른 직원들의 이야기를 들으며 회사에 어떤 일이 일어나고 있는지 알 수 있다. 이처럼 허브 공간은 비공식적인 소통이 가장 활발하게 일어나는 공간이다. 직원의 자연스러운 교류와 우연한 만남을 늘리고 싶다면 새로운 공간을 만드

오피스 내 휴게 공간 비율의 변화

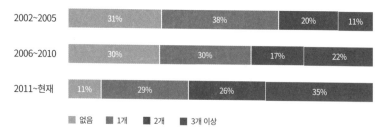

출처_ *퍼시스 공간데이터베이스

1 따로 벽을 계획하지 않고 소파를 통로 한쪽에 배치하는 것만으로도 휴게 공간을 만들 수 있다. 메인 통로에 위치하여 활발한 만남이 기대된다. 2 자투리 공간에 소파를 배치하면 소규모 만남이 가능한 아늑한 휴게 공간으로 활용할 수 있다. 3 업무 공간과 가까운 곳에 소파와 스툴을 배치하여 휴게와 회의가 모두 가능하게 계획했다.

는 것보다 기존의 오피스 내 허브 공간을 찾아 재정비하는 것이 더 효율적이다.

규모와 기능에 따라 다양하게 만들 수 있는 허브 공간은 대표적으로 그 기능에 따라 유형을 나누어 볼 수 있다.

첫째는 편안히 앉아 쉴 수 있는 푹신한 소파와 의자들이 있는 휴게 공간이다. 휴게 공간은 위치와 규모, 가구 구성에 따라서도 그 범위가 매우 다양하다. 따로 실을 구획하지 않고 업무 공간의 한쪽에 마련된 오픈 휴게 공간은 업무 층의 자투리 공간을 활용하기에 좋은 전략 중 하나이다. 오픈되어 있으므로 지나가다 마주친 동료와 잠시 앉아 이야기를 나누기에 좋고 가벼운 미팅도 가능한 공간이다. 별도의 실 구획을 하게 되는 경우에는 1~2인용 가구를 배치하여 소규모 만남이 가능한 공간을 만들거나 소파, 스툴 등을 활용하여 캐주얼한 미팅을 위한 휴게 공간을 만들기도 한다.

둘째는 정수기와 간단한 싱크대, 냉장고가 함께 갖춰진 탕비 공간이다. 정수기 하나만 놓고 사용하는 경우에는 규모가 작으므로 파티션으로만 구획해서 사용하기도 한다. 하지만 여기에 싱크대와 냉장고가 합쳐진다면 작더라도 실로 구획해서 독립적으로 계획하는 것이 좋다. 어느 정도 소음이 발생하는 공간이기 때문에 OA 기기나 파쇄기 등을 함께 배치하여 사용하는 경우도 많다. 직원들이 하루 한 번 이상은 꼭 사용하게 되는 기능의 공간이므로 직원들의 동선이 자주 겹쳐서 짧지만 잦은 만남이 이루어지는 공간이다.

잘 계획된 탕비실은 비록 면적은 작지만 직원들이 가장 자주 사용하는 공간이 되어 효과적으로 세렌디
피티를 만들어낸다.

셋째는 휴게와 탕비의 기능이 합쳐진 복합 공간이다. 한쪽에는 정수기와 싱크대, 냉장고가 있고 다른 한쪽에는 소파나 의자가 놓여있어 세 가지 유형 중 가장 활용도가 높다. 간단히 음료를 마시며 이야기를 나누기도 하고 점심시간에는 삼삼오오 모여 도시락을 함께 먹는 식당으로 활용하기도 한다. 이 공간 역시 필요에 따라서는 간단한 미팅이 이루어지는 공간으로 사용되기 때문에 캐주얼한 미팅용 가구에 탕비 기능이 더해져서 함께 복합 공간으로 배치되는 경우도 많다.

이처럼 허브 공간은 직원들의 우연한 소통을 끌어내는 만남의 장소 역할을 하게 된다. 단, 놓치지 말아야 할 점은 직원들이 쉽게 찾아갈 수 있는 위치와 실제 사용성을 고려하여 만들어야 한다는 것이다. 직원들의 동선이나 사용 반경을 고려하지 않아 멋진 허브 공간을 만들어놓고도 사용량이 적어 텅 비어있는 경우도 있다. 한 기업의 예를 들자면, 다른 오피스의 사진을 참고하여 멋진 카페를 만들어놓았으나 위치가 너무 멀고 벽이 없어서 카페에서 나누는 대화 내용이 다른 직원에게 방해가 될 정도였다. 또한, 카페라고 이름 붙였지만, 그곳에는 커피 머신 뿐만 아니라 정수기도 하나 없었다. 직원이 찾아가지 않는 허브 공간은 그 의미를 잃어버린다. 조직 내의 비공식적인 커뮤니케이션이 어디에서 어떻게 발생하는지 충분히 파악한 후 이를 반영한 허브 공간을 만들어야 한다.

커피머신이 놓인 탕비실에 캐주얼한 미팅 가구를 배치하여 활용도가 높은 허브 공간을 계획할 수 있다.

익숙한 공간에서 벗어날 수 있는 라운지

근사한 오피스 사진을 보고 직장인들은 다음과 같이 말한다. "회사에 이렇게 멋진 공간이 있다니 정말 좋겠어요!" 퍼시스 e-survey 에 따르면 직장인 약 2,800명 중 45%는 카페 같은 공간에서 일하고 싶다고 대답했다. 오피스는 단정하고 깔끔한 업무의 공간이다. 반대로 카페는 교류하고 휴식하는 재충전의 공간이다. 이처럼 평소와 다른 새로운 공간에서 일하고 싶어하는 사람들이 점차 늘어나고 있다.

업무 공간과 다른 분위기의 특별한 라운지가 있다는 것은 직원들에게 창조적 아이디어 창출에 도움이 된다. 프랑스의 수학자이자 물리학자인 앙리 푸앵카레는 "일상에서 벗어난 산책이 창조적 아이디어의 도구"라고 말했다.[15] 이는 직장인에게도 동일하게 적용된다. 업무 공간과 전혀 다른 공간에 있을 때, 우리의 생각은 고정관념에서 자유로워지면서 새로운 아이디어를 만들어낼 준비를 한다.

이제 라운지 공간은 한 단계 더 높은 수준으로 진화하고 있다. 업무와 회의, 휴게가 모두 가능한 워킹 라운지, 점심시간에는 식당이지만 업무시간에는 회의 공간으로 변하는 카페테리아, 카페와 자료실이 합쳐진 카페형 라이브러리 등 종류도 다양하다. 로비의 변신이 특히 돋보인다. 과거에는 텅 비어 있던 로비 공간이 지금은 회의도 하고 커피를 마시며 휴식하거나 손님도 맞이하며 때로는 기업의 행사까지 진행하는 다목적 공간으로 바뀌고 있다. 아예 1개 층을 통째로 활용하여 아

1 로비를 손님을 맞이하거나 회의도 할 수 있는 복합 라운지로 재구성하면 기업을 방문하는 손님들에게 긍정적인 첫인상을 제공할 수 있다. 2 라운지에는 주로 소프트시팅류를 많이 배치한다. 푹신하고 부드러운 가구를 통해 사용자에게 색다른 공간 경험을 선사하여 주의 환기와 집중력 제고를 노릴 수 있다.

퍼시스는 1층 로비를 워킹 라운지 '생각의 정원'으로 리뉴얼하였다. 작은 카페와 도서관이 갖춰진 '생각의 정원'은 오픈 이후 직원과 방문객에게 높은 인기를 얻으며 업무시간 내내 활발히 사용되고 있다.

생각의 정원은 비일상의 순간에 더욱 빛을 발한다. 퍼시스 본사에서 진행된 퍼시스 사무환경 세미나에 참석한 사람들은 소통과 휴식의 공간인 생각의 정원에서 강연을 기다리며 사무환경에 대한 생각을 자유롭게 나눌 수 있었다.

이디어의 중심지로 꾸미는 기업도 많다. 이러한 복합 라운지는 내부 직원들이 캐주얼한 업무 공간으로 활용할 수 있고, 외부인에게는 브랜딩 효과도 누릴 수 있어서 많은 기업에서 적극적으로 도입하고 있다.

자연스러운 시선 교환이 가능한 투명한 공간

직원들 간의 자연스러운 만남은 리프레쉬를 위한 휴게의 목적 뿐만 아니라 업무 내용을 공유하기 위한 하나의 전략으로도 활용할 수 있다. 바쁘게 돌아가는 실무 현장에서 조직의 다른 부서에서 어떤 일이 일어나고 있는지 파악하는 것은 쉬운 일이 아니다. 하지만 직접 설명을 듣는 것이 어려울지라도 간접적으로 파악하는 것은 가능하다. 어떤 부서들이 주로 협업을 하는지 회의 참석자들을 살펴보거나, 회의실 내에서 어떤 회의자료를 살펴보고 있는지 어깨너머로 살펴보는 방법 등을 통할 수 있다.

이를 가능하게 하는 것이 바로 유리 벽으로 구획한 공간이다. 가장 유용하게 활용할 수 있는 공간은 바로 회의실이다. 두꺼운 벽으로 만든 회의실은 회의실 사용자들의 집중 업무에는 유리하다. 하지만 불투명한 벽체에 가로막히기 때문에 사람들이 어떤 일을 하는지 외부에서 볼 수 없다. 반대로 투명한 유리 벽은 회의실 내부의 풍경을 통로 밖 사람들에게 보여준다. 회의를 하고 있는지, 아니면 회의실이 비었는지, 회

유리로 계획한 회의실은 넓은 개방감을 제공하는 것은 물론 사내 정보가 자유롭게 흐르도록 돕는다.

의를 하고 있다면 누가 어떤 회의를 하고 있는지 쉽게 파악할 수 있다.

사람들은 회의실 풍경을 통해 그들의 업무를 추측할 수 있다. 회의 참석자의 면면을 살펴보며 현재 협업 관계에 있는 부서의 관계성을 파악할 수 있고, 회의실의 분위기를 통해 업무의 진행 상황을 간접적으로 파악할 수 있다. 중역이 담당 부서 직원 한 명 한 명과 1:1 면담을 진행하는 모습을 몇 날 며칠에 걸쳐 지켜본다면 조직의 업무를 뿌리부터 파악하겠다는 중역의 의지를 쉽게 알아챌 수 있다. 영업팀의 주간 회의가 매주 밝은 표정으로 진행된다면 회사 영업 사정이 개선되고 있다는 분위기를 느낄 수 있다.

투명한 회의실은 사내 정보를 공유할 수 있다는 것 외에도 부수적인 장점이 있다. 첫째는 직원들이 다른 부서 사람들의 얼굴을 자주 볼 수 있게 된다. 자주 얼굴을 보면 자연스럽게 친밀한 감정을 느끼게 되어 부서는 다르지만 같은 조직에 속해있다는 소속감을 느낄 수 있다. 둘째는 회의실이 깨끗하게 유지된다는 점이다. 만약 불투명한 벽으로 막혀 있다면, 회의실이 지저분해도 문을 닫아버리는 것으로 문제가 해결되었다고 생각한다. 하지만 유리 벽을 사용한다면 투명하게 내부가 드러나, 이로 인해 회의실을 더 깔끔하게 정돈하는 분위기가 형성될 것이다.

내부 정리정돈을 자주 할 수 있는 특성으로 인해 유리 벽은 문서고나 창고에 적용해도 좋은 결과를 이끌어낸다. 많은 기업이 수납공간의 부족을 호소하는데, 대부분의 경우 사용하지 않는 낡은 물건이 무분별하게 창고를 차지하고 있는 경우가 많다. 직원들은 창고 안에 어떤

자료실에 유리 벽을 적용하면 내부 관리에 더욱 신경을 쓰게 되어 공간을 깔끔하게 유지할 수 있다.

물건이 있는지 쉽게 잊어버린다. 창고는 항상 닫힌 공간이며, 그 안에 보관 중인 물건은 눈에 보이지 않는다. 눈에서 멀어지면 쉽게 잊혀지는 법이다. 하지만 유리 벽으로 창고를 만든다면 직원들이 창고 관리에 보다 신경을 쓰게 된다. 필요 없는 물건을 치우고 말끔하게 정돈하는 것만으로도 창고의 효율성을 훨씬 더 끌어올릴 수 있다.

유리를 활용한 공간 구획은 직원들에게 자연스러운 시선 교환의 기회를 제공해주고, 이는 곧 직원들 간의 활발한 만남을 위한 기초가 된다. 하지만 보안이 중요한 기업이나 부서 간 업무 격차가 매우 커 정보 공유의 필요성이 낮은 기업이라면 수많은 정보를 쉽게 공개하는 투명한 회의실이 부담스럽게 느껴질 수 있다. 이러한 경우에는 시트지를 사용하여 회의실의 정보가 외부로 새어나가지 않게 관리할 수 있다. 반투명한 시트지를 무릎에서 머리까지에 해당하는 높이에 붙이면 외부의 시선이 효과적으로 차단되어 회의 참석 인원이나 회의의 목적과 같은 상세한 정보를 파악하기 힘들어진다. 하지만 회의실을 누군가 사용하고 있다는 사실은 쉽게 알 수 있으므로 회의실 사용 여부를 확인하기 위해 다른 사람이 회의 도중에 회의실 문을 여는 일이 사라진다. 이로 인해 회의 내용이 외부에 단편적으로 새어나가는 일까지 사전에 방지할 수 있다.

우연한 만남, 직원과 직원의 교류를 북돋는 허브 공간, 익숙함에서 벗어나게 해주는 라운지, 그리고 서로를 바라볼 수 있는 투명한 벽체와 같은 공간적 요소는 모두 직원들에게 신선한 자극이 된다. 일상

시트지를 사용하면 유리 벽의 개방감은 유지하면서 회의실의 보안도 강화할 수 있다.

에서 벗어난 산책이 창조적 아이디어의 도구라는 앙리 푸앙카레의 말처럼 익숙함과 지루함을 적절히 해소할 수 있을 때 직원들의 창조성은 극대화된다. 하지만 직원들이 업무시간 내내 자신의 자리에만 앉아 있다면 직장 생활은 금세 지루하고 따분해질 것이다. 그리고 지루하고 따분한 공간에서 살아가는 직원들에게 새로운 활력과 열정을 불어넣기란 결코 쉬운 일이 아니다.

또한, 일하는 공간을 스스로 선택할 수 있는 직원들은 그렇지 못한 직원보다 몰입도가 훨씬 높다. 한 연구에 따르면 업무 몰입도가 매우 높은 집단에서 자신의 업무 형태에 따라 일할 수 있는 공간을 오피스 내에서 선택할 수 있다고 대답한 사람은 전체의 88%나 되지만, 업무 몰입도가 매우 낮은 집단은 고작 14%에 불과했다.[16] 이처럼 일할 수 있는 책상, 협업할 수 있는 회의실 이외에 다양한 공간을 마련하면 직원들의 창조성은 물론 업무 몰입도까지 높아진다.

오랫동안 세렌디피티에 관련된 공간은 오피스에서 가장 적은 비중을 차지했다. 정수기와 같이 꼭 필요한 기능만 조금 설치하거나 직원들이 쉬거나 교류할 수 있는 공간을 따로 마련해주지 않는 경우가 많았다. 하지만 이는 휴식과 교류를 '낭비'라고 생각하는 오해에서 비롯한다. 자유롭게 흐르는 정보, 그리고 우연한 만남이 얽혀 세렌디피티를 만들어 낸다. 새로운 아이디어와 혁신적인 창의성, 그리고 진정으로 몰입할 수 있는 오피스가 필요하다면 지금까지 주목하지 않았던 창의·휴게 공간을 계획해야 한다. 업무 공간의 선택지가 많을수록 직원들의 사고는 자유롭게 뻗어 나간다.

맞춤형 허브 공간 만들기

허브 공간에 주로 사용하는 소파에는 사무용 가구와 달리 '조합의 가능성'이 없는 경우가 많다. 이 때문에 기능에 중심을 두고 가구를 고르다 보면 어느새 가구 전체의 디자인 일관성이 사라져 어딘지 모르게 세련되지 못한 공간이 되어버린다. 내가 원하는 형태로 멋진 허브 공간을 만들고 싶다면 조합형 라운지 가구를 사용해보자.

- 조합형 라운지 가구에는 소파, 스크린, 스툴, 라운지 체어, 테이블, 월 유닛 등 허브 공간을 구성할 수 있는 다양한 가구가 포함되어 있어 공간의 규모와 목적에 따라 자유롭게 선택하여 조합 배치할 수 있다.
- 휴식에 적합한 허브 공간이 필요하다면 부드럽고 푹신한 라운지 체어와 소파와 소파 테이블을 조합하여 아늑한 휴게 공간을 만들 수 있다.
- 캐주얼한 회의에 적합한 허브 공간이 필요하다면 소파 테이블 대신 일반 회의 테이블을 조합하고 추가 인원을 소화할 수 있는 소형 스툴, 그리고 주변의 시선을 차단하는 스크린이나 월 유닛을 이용하는 것이 좋다.
- 모든 가구가 하나의 컨셉에 맞춰 디자인된 토털 패키지이므로 같은 시리즈의 가구를 배치하는 것만으로 완성도 높은 공간 디자인이 가능하다.

1   공간의 용도에 맞춰 조합이 가능한 조합형 라운지 가구 시리즈

2   회의와 휴식에 모두 필요한 공간을 만들기 위해 스크린 대신 등받이가
        높은 소파를 사용하여 자연스러운 공간 구획을 시도하였다.

3   1인용 소파에 스크린을 조합하여 프라이버시가 높은 휴식 공간으로
        계획하였다.

분명히 동굴 인간은 좋은 동굴을 발견해서
몹시 기뻤을 것이다. 그러면서도 밖을 내다볼 수 있는
동굴 입구에 자리를 잡았을 것이다.
등 뒤를 보호하면서도 밖에서 무슨 일이
벌어지는지를 아는 것은 매우 좋은 생존 법칙이다.
사무실 생활에서도 이는 매우 좋은 생존 법칙이다.

- 로버트 프롭스트, 『사무실 : 변화에 기반한 시설』

4

열린 공간만이
사무환경의 답은 아니다

Bringing Open & Closed in Balance

오픈 오피스가 유일한 정답은 아니다

    우리는 오피스에서 얼마나 집중할 수 있을까? 캘리포니아 대학 글로리아 마크 박사는 2008년 사무직 근로자 36명을 대상으로 재미있는 연구를 수행했다.[17] 연구는 관찰자 1명이 근로자 1명을 따라다니면서 3일간 관찰하는 방식으로 이루어졌다. 관찰자는 근로자를 지켜보면서 그들이 무슨 일을 하는지 초 단위로 시간을 재고 기록했다. 근로자가 수화기를 들면 시간을 재기 시작했고, 전화를 끊은 시간을 확인하여 기록했다. 문서 작업을 시작하면 다시 시간을 쟀고, 동료가 말을 걸어 문서 작업을 중단하게 되면 시간을 기록했다. 이런 방식으로 업무의 흐름을 파악하여 근로자가 온전히 집중할 수 있는 순간이 얼마나 될 수 있는지 추론해냈다.

    놀랍게도 사무직 근로자의 평균 집중 시간은 약 11분에 불과했다. 근로자들은 평균 11분에 한 번씩 전화를 받거나, 동료의 질문에 대답해야 했다. 주변의 소음으로 인해 집중 상태에서 벗어나는 경우도 있었다. 한번 집중이 흐트러졌을 때 18%의 사람들은 업무에 복귀하지 않았고, 업무에 곧바로 복귀한 사람들도 다시 집중하기까지 평균 23분 정도의 시간을 들여야 했다.

사람들이 오래 집중하지 못하는 이유는 개인의 집중력이 아닌 환경 때문이다. 오피스에서 집중을 방해하는 요소는 예상외로 다양하다. 이메일이나 메신저의 알림, 나를 부르는 팀원의 목소리, 누군가의 전화벨 소리, 옆 팀 사람의 전화 통화, 다른 사람의 대화 소리, 내 옆을 지나가는 발걸음 소리 등이 우리를 시시콜콜 방해한다. 직원들이 언제 어디서나 쉽게 소통하게 하려면 칸막이가 하나 없이 탁 트인 오피스를 만들어야 한다는 기업이 많아지면서 이러한 문제는 더욱 심각해지고 있다.

따라서 극단적인 개방형 오피스는 오히려 업무 생산성을 낮추는 결과를 가져온다.[18] TBWA샤이엇데이의 실험은 극단적인 개방형 오피스의 문제를 보여주는 유명한 사례다. TBWA샤이엇데이 컴퍼니는 애플의 'Think Different' 광고 캠페인을 비롯하여 많은 브랜드 아이콘을 만들어낸 광고회사다. 1994년 TBWA샤이엇데이의 수장 제이 샤이엇은 직원들의 창의성을 지원할 수 있는 오피스가 필요하다는 결론을 내리고 직원들이 쉽고 빠르게 소통할 수 있는 열린 공간으로 바꾸겠다고 선언했다. 우선 모든 벽과 칸막이를 없앴다. 넓은 오피스에서 시선을 가로막는 것은 하나도 없었다. 책상과 개인 컴퓨터 역시 없었다.

직원들은 공용 책상과 공용 컴퓨터를 사용해야 했고, 매일 아침 컴퓨터와 자리를 새로 선택하여 일해야 했다. 사무환경은 혁신적으로 변화한 것처럼 보였다.

하지만 새로운 오피스는 여러 문제점을 드러냈다. 직원은 어디에 앉아야 할지 몰라 혼란스러워했고, 사람들은 자기가 찾고 있는 직원이 어디에 있는지 몰라 힘들어했다. 업무 공간에 필요한 최소한의 구획까지 모두 사라졌고, 이로 인해 생겨난 엄청난 소음이 직원들을 괴롭혔다. 직원들은 창조적인 일을 하려면 혼자서 생각할 조용한 곳이 필요한데 회사가 그 욕구를 무시했다고 불평했다. 완벽하게 열린 오피스를 계획했던 실험은 실패로 끝났고 그 이후에는 개인 공간과 프로젝트 룸이 더 많이 제공되는 오피스로 옮겨 갔다.

제이 샤이엇이 만든 오피스의 문제는 직원들에게 닫힌 공간이라는 선택지를 주지 않았다는 점에 있다. 직원들은 그 날의 업무에 따라 집중해야 하는 날이 있고, 소통해야 하는 날이 있기 마련이다. 열린 공간은 소통에는 유리하지만 집중에는 불리하다. 닫힌 공간 역시 집중에는 유리하지만 소통에는 불리하다. 둘 다 오피스에는 꼭 필요한 공간이다. 따라서 오피스의 형태는 개방형이나 폐쇄형 중 하나를 고르는 양자택일의 문제가 아니다. 좋은 업무 환경이란 열린 공간과 닫힌 공간을 둘 다 제공하여 직원들이 선택할 수 있게 하는 것이다. 중요한 것은 균형이다. 소통에만 치우친 극단적인 개방형 사무실이 최고라는 오해에서 벗어나 공간적인 균형을 찾아야 한다. 이렇게 공간적인 균형을 찾은

'집중'과 '소통'이 조화를 이루는 사무환경은 구성원들의 전반적인 업무 효율은 물론 업무 만족도 또한 높여준다. '집중'과 '소통'이 조화를 이루는 사무환경에서 구성원들의 집중 업무 효율은 22%, 협업 효율은 17%, 업무 만족도는 35% 상승했다.[19] '집중'과 '소통', 어느 하나에 치우치지 않고 균형을 이루는 사무환경이 필요한 이유다.

'집중'과 '소통'의 균형을 이루는
공간계획의 법칙

회의 소음을 차단하라

최근 오피스 계획의 주요 키워드는 커뮤니케이션이다. 조직 내 협업이 중요 이슈로 떠오르면서 활발한 소통을 끌어내는 오피스 공간에 관심이 높아졌다. 개방적인 분위기에서 쉽고 빠르게 소통할 수 있는 공간을 원하는 사람이 많아졌다. 사람들은 내 자리에서 바로 회의할 수 있는 환경을 원했고 회의실을 찾아 멀리 가지 않더라도 바로 회의를 할 수 있는 오피스를 원했다.

다양한 오피스 플랜이 대안으로 제시되었다. 회의실 대신

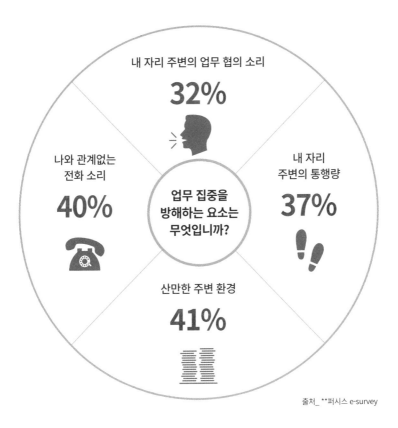

내 자리 주변의 업무 협의 소리
32%

내 자리 주변의 통행량
37%

업무 집중을 방해하는 요소는 무엇입니까?

나와 관계없는 전화 소리
40%

산만한 주변 환경
41%

출처_ **퍼시스 e-survey

145

워크스테이션 옆에 오픈 회의 공간이 결합한 형태의 오피스가 나타났다. 4인 구성으로 된 셀 안에 작은 회의 테이블을 배치해주거나, 파티션으로 간단히 마련한 공간 안에 8인 구성의 회의 공간을 마련하게 되었다. 내 자리 바로 옆에 공간이 생기자 의자만 조금 돌리면 바로 회의를 할 수 있는 오피스가 만들어졌다. 내 자리에서, 혹은 내 자리 근처에서 바로 회의를 시작할 수 있다는 매력으로 인해 커뮤니케이션을 중시하는 오피스는 업무 공간 바로 옆에 오픈 회의 공간을 계획하였다. 사람들은 예전보다 쉽게 회의할 수 있는 환경에 만족했다. 당장 협의해야 하는 업무를 동료들과 빠르게 이야기하면서 효율적으로 처리할 수 있기 때문이다.

　　하지만 다른 부작용이 나타났다. 회의에 참여하지 않는 사람들은 업무에 집중하기 어려워졌다. 나와 관계없는 회의 소리가 늘어나고, 내 자리 근처를 지나가는 사람들이 많아지면서 주변 소음으로 인해 업무에 집중하기 어렵다는 불만이 늘어났다. 퍼시스 e-survey에 따르면 내 자리 주변의 업무 협의 소리가 집중에 방해된다고 대답한 사람은 32%였고 내 자리 주변의 통행이 집중에 방해된다고 대답한 사람은 40%에 달했다. 커뮤니케이션의 가능성을 열어주었던 개방형 사무실이 오히려 생산성을 떨어뜨리는 부작용을 나타내기 시작한 것이다.

예전 오피스에는 즉각적인 회의를 위해 업무 공간 내에 오픈 회의 공간을 만들었지만, 회의 소음으로 인해 사람들이 업무에 집중하기 어려운 부작용이 발생했다.

업무 방해를 줄이는 오픈 회의 공간 배치

사람들이 내 자리 주변에서 회의하는 상황 중 하나는 내 자리에 다른 사람이 찾아와 업무에 대해 간단한 질문을 하거나, 짧은 논의를 하는 경우다. 자주 발생하긴 하지만 대화가 지속되는 시간도 짧고, 참석하는 사람도 적어 소음으로 인한 피해는 적은 편이다.

문제는 이러한 짧은 대화가 아닌 제대로 된 회의에 있다. 참석하는 사람이 많고 진행 시간도 길어지면 소음으로 인한 주변 피해가 훨씬 커지기 때문에 업무 공간 근처의 오픈 회의 공간은 소규모로 빠르게 종료되는 협업에 적합하다. 하지만 소규모 회의 공간 외에 중대규모 회의 공간까지도 업무 공간 근처에 배치되면서 소음으로 인한 문제가 대두되었다. 즉 오픈 회의 공간에서 생기는 소음 문제는 협업의 형태를 고려하지 않은 채 회의 테이블을 배치하였기 때문에 발생했다고 볼 수 있다.

따라서 소음 문제를 완화하려면 두 가지 방향으로 접근해야 한다. 우선 많은 사람이 모여 의견을 나눠야 하는 경우에는 오픈 회의 공간이 아니라 회의실을 사용하도록 장려해야 한다. 벽으로 구획된 회의실을 더 많이 만들어 소음 문제를 해결하는 것이다. 빠르고 간편한 소통을 이유로 생겨난 내 자리 근처 회의 공간을 제대로 된 회의실로 다시 설계해야 한다. 이러한 경향은 퍼시스 공간데이터베이스에서도 확인할 수 있다. 업무 공간 내에 계획된 오픈 회의 공간은 2010년 이전까지 평균 4.7개였으나 2011년 이후에는 3.3개로 감소하였다. 하지만 회의실의 평균 개수는 2005년 이전에는 2.5개, 2010년 이전에는 3.6개, 현재는 4.1개로 꾸준히 상승하고 있다. 셀 내 회의 테이블이나 업무 공간 바로 옆에 배치된 회의 테이블은 감소하고 회의실의 개수가 증가한 결과는 많은 기업에서 소음에 취약한 오픈 회의 공간 대신 벽으로 구획된 회의실을 계획하고 있다는 사실을 알려준다.

　두 번째 방향은 오픈 회의 공간을 계획하되 개인 업무에 방해가 되지 않도록 배치하는 것이다. 오픈 회의 공간은 소규모 회의가 진행되는 곳이라는 전제하에 계획해야 한다. 규모는 4인 이하로 축소하고 회의 테이블 역시 소형으로 제공하여 짧은 회의에 적합하게 계획한다. 그리고 회의 시 발생할 수밖에 없는 소음은 물리적인 거리를 띄워서 완화시켜야 한다. 업무 공간 바로 옆이나 셀 내부에 배치하기보다 창가나

1개 층에 계획한 오픈 회의 공간과 회의실의 평균 개수

오픈 회의 공간의 평균 개수는 감소하지만 회의실의 개수는 늘어나고 있다.
출처_ *퍼시스 공간데이터베이스

149

휴게 공간 근처에 배치하여 업무 공간과 어느 정도 구분을 해주는 것이다. 또한, 가벼운 파티션이나 수납장 등을 활용하여 시각적으로 회의 공간과 업무 공간을 적절히 차단하는 것이 좋다. 이러한 시선 차단은 회의하는 사람들은 회의에, 회의 공간 주변에서 일하는 사람들은 업무에 더욱 집중하는 데 도움이 된다.

소음원을 분리하여 배치하는 이러한 흐름은 소규모 오피스에서 더욱 두드러지게 나타났다. 소규모 오피스는 기본적으로 활용할 수 있는 면적 자체가 작아서 공간 낭비를 최대한으로 줄이고 활용 효율을 높이는 것이 무엇보다 중요하다. 그래서 회의실을 만드는 것보다 오픈 회의 공간을 여러 개 만들어 공간을 유동적으로 사용하는 소규모 오피스가 많을 것이라고 예상하기 쉽다. 평소에는 회의실로 사용하지만 필요할 때는 업무 공간으로 활용할 수 있어 공간을 탄력적으로 사용할 수 있다고 생각하기 때문이다.

하지만 소규모 오피스의 실제 상황은 이러한 예상과 정반대였다. 퍼시스 공간데이터베이스에 따르면, 100평 이상의 일반 규모 오피스 중에서 오픈 회의 공간을 계획한 경우는 전체의 45%였다. 하지만 100평 미만의 소규모 오피스의 경우에는 전체의 24%만이 오픈 회의 공간을 계획하였다. 소규모 오피스일수록 오픈 회의 공간을 계획하는 경우가 일반 규모 오피스에 비해 훨씬 적은 것이다.

이러한 결과는 소규모 오피스는 면적이 좁기 때문에 소음으로 인한 업무 방해가 더 크다고 분석할 수 있다. 면적이 넓은 일반 오피스

1 오픈 회의 공간을 배치하더라도 업무 공간과 어느 정도 거리를 두고 배치하는 것이 좋으며 수납 가구나 차폐물 등을 이용하여 시각적 차단을 해야 한다. 2 실로 구획한 회의실이 많아지면 회의 소음이나 통행에 의한 업무 방해를 줄일 수 있다.

는 업무 공간에서 회의하더라도 어느 정도 물리적인 거리를 확보할 수 있어 소음 문제를 극복할 수 있지만, 소규모 오피스는 이러한 해결이 불가능하다. 그러므로 공간의 유연성을 포기하더라도 벽이 있는 회의실을 만들어 보다 효과적인 업무 환경을 조성하는 것이 더 이득이다. 좁은 오피스일수록 필요한 기능과 규모를 정확히 파악한 실 배치가 필요한 것이다. 다만 좁은 공간은 벽체로 인해 답답해 보일 수 있으므로 전면 유리로 벽을 구획하는 것이 더 효과적이다.

오픈 회의 공간을 적게 계획하는 소형 오피스

소형 오피스
(100평 미만)

일반 오피스
(100평 이상)

■ 오픈 회의 공간을 계획한 기업 수 ■ 오픈 회의 공간을 계획하지 않은 기업의 수

출처_ *퍼시스 공간데이터베이스

회의실 위치에 따라 업무 방해도가 달라진다

회의실을 계획할 때는 회의실 주변의 혼잡을 오피스 전체로 분산할 것인지 한곳에 모을 것인지 결정해야 한다.

오픈 회의가 줄어들고 회의실이 늘어나면서 회의실을 배치하는 방식도 중요해졌다. 회의실 배치는 한 곳에 가지런하게 모아서 배치하는 집중형과 평면 곳곳에 흩어서 배치하는 분산형이 있다. 조직 내에서 발생하는 회의가 적다면 분산형으로 계획해도 무방하다. 분산형은 직원의 밀도에 맞게 회의실을 골고루 배분할 수 있다. 부서마다 가까운 회의실이 생겨 부서 전용 회의실로 사용하기에 좋다.

반대로 회의가 많은 조직이라면 집중형이 좋다. 회의실 주변은 회의실을 사용하려는 사람들의 통행과 소음으로 인해 업무 방해가 심한 공간이다. 따라서 회의실을 한 곳으로 모으면 내 자리에서 회의실 주변의 통행과 소음으로 인한 업무 방해를 최소화할 수 있다. 집중형 배치는 이 외에도 장점이 있다. 업무 공간과 회의 공간을 분리하기 때문에 평면 구성이 깔끔해진다. 회의실의 영역이 만들어져 오피스 전체가 정돈되어 보인다. 이는 도면상의 아름다움에 머무르는 것이 아니라 실제 사용자가 느끼는 장점이기도 하다. 조직 변화에 훨씬 유연하게 대처할 수 있다는 점 역시 장점이다. 회의 공간과 업무 공간이 분리되어 있기 때문에 기존에 있던 책상 배치가 바뀌더라도 회의 공간은 영향을 받지 않는다.

이러한 이유로 오피스 공간을 처음 계획할 때부터 회의 공간의 위치를 확정하는 집중형 배치가 점점 늘어나고 있다. 과거에는 분산형 배치가 전체의 66%로 더 많이 나타났다. 그러나 점차 그 비율이 감소하여 2010년 이후에는 56%까지 낮아졌다. 반면 집중형 배치를 선택한 기업은 51%에서 61%로 꾸준히 증가하고 있다. 과거에는 내 자리에서 가까운 곳에 회의실이 있는 것을 선호하였으나, 이제는 회의 공간과 업무 공간을 명확히 구분하여 업무 공간에서의 집중을 높일 수 있는 배치를 선호하게 된 것이다.

오피스에 회의실을 배치하는 방식

■ 회의실   ■ 업무 공간

집중형 배치

분산형 배치

출처_ *퍼시스 공간데이터베이스

유리 벽을 이용해 공간을 좌우로 분리하여 왼쪽은 회의실을 집중적으로 배치하고 오른쪽은 업무 공간으로 사용하였다.

전화가 없어지면 벨 소리도 사라진다

오피스의 대표적인 소음 발생원은 바로 전화 소음이다. 업무상 전화 통화가 많은 조직이 있다. 이들은 함께 일하는 사람들이 오피스 내에 없다. 전화로 고객과 상담을 하고, 다른 건물 혹은 다른 도시에 있는 유관부서나 외주업체와 전화로 업무 협의를 해야 한다. 물론 콜센터와 같은 특수 직군이 아니라면 한 사람이 온종일 전화만 받는 경우는 많지 않다. 전화 업무가 없을 때는 문서 작업을 하거나 회의를 하며 보통의 조직과 비슷한 일을 한다.

전화 통화를 많이 하는 조직의 고민은 여기에서 시작된다. 전화 통화로 생기는 소리로 인해 업무 집중이 어렵다고 호소하는 사람이 생겨난다. 조직 내에서도 한 사람은 전화하고, 다른 한 사람은 문서 작업을 하는 경우가 생기면서 '저 사람 통화하는 소리 너무 시끄럽다'고 불평하는 사람이 생긴다. 하지만 그렇다고 해서 그들만 따로 분리할 수도 없다.

전화 통화 소리뿐만 아니라 전화벨 소리 그 자체도 소음이 된다. 대부분 기업이 자리마다 내선전화를 마련하여 사용하기 때문에 전화벨 소리로 인한 업무 방해는 항상 직장인들을 괴롭게 한다. 직장 내 전화 예절 중 '전화벨이 울리면 즉시 받는다'가 있다. 벨 소리가 3번 이상 울리기 전에 받아야 하는 것인데, 전화를 건 상대를 기다리지 않게 한다는 의미도 있지만, 또 다른 이유는 전화벨 소리가 주변 동료들에게 소음이 되기 전에 전화를 받아야 한다는 것이다.

이러한 문제점을 해결하기 위해서 IT를 활용한 해결방안을 도입하는 기업이 생겨나고 있다. 직원에게 내선전화를 제공하는 대신 스마트폰을 내선으로 활용할 수 있는 어플을 설치하게 하는 것이다. 전화벨 소리 대신 진동이 울리게 되며 소음이 대폭 줄어들게 되고, 자리를 비운 사람의 전화벨이 홀로 시끄럽게 울리는 일도 사라지게 된다.

부스를 만들자

하지만 이렇게 IT를 활용한 해결책으로도 전화 통화로 인한 소음을 완전하게 해결할 수 없는 경우가 있다. 어떤 사람에게는 전화 통화 그 자체가 매우 중요한 업무이기 때문이다. 각자의 업무 특성에 적절한 공간을 지원해주는 것이 오피스 공간의 기본적인 역할이다. 그래서 통화를 하는 직원도, 문서 작업을 하는 직원도 함께 배려할 수 있는 공간 계획이 필요하다.

오피스 내 전화 통화 소음 문제를 해결하기 위한 공간적 전략은 전화 통화를 위한 별도의 독립 공간을 만드는 것이다. 전화 문제를 해결하기 위해 만들어진 이 독립 공간을 폰 부스라고 부른다. 폰 부스는 사방이 막혀있기 때문에 통화를 길게 진행하거나 노트북을 이용하여 화상통화를 진행해야 하는 업무가 많은 경우에 사용하기 좋다. 폰 부스는 사용 목적에 따라 다양한 타입으로 구성할 수 있다. 예를 들어 전화

PHONE BOOTH

GRAPHIC ZONE

소형 테이블과 바스툴로 간단하게 구성한 1인용 공간을 통해 적은 면적으로도 효과적인 폰 부스를 만들어낼 수 있다.

통화 업무가 많은 조직의 경우에는 서거나 혹은 간단하게 앉을 수 있는 의자가 배치된 1인 모듈의 폰 부스가, 노트북을 이용한 화상통화 회의가 많은 외국계 기업의 경우에는 미디어 장치가 설치된 폰 부스가 적합하다.

이러한 소규모 독립 공간은 통화 이외에도 다양한 업무 용도로 활용할 수 있다. 간단한 테이블이 갖춰진 경우가 많으므로 1~2인 규모의 소형 상담 공간이나 회의 공간으로 사용할 수 있다. 보통 공간이 협소하기 때문에 일반 업무 의자를 2개 배치하기보다 비교적 크기가 작은 스툴을 배치하는 것이 좋다. 소규모 독립 공간은 기본적으로 1인 규모로 계획하여 면적이 3㎡ 남짓으로 매우 좁기 때문이다.

의자와 테이블이 배치되어 있으므로 1인 업무 공간으로 사용할 수도 있다. 아무리 주변의 회의 소음, 통화 소음을 최소한으로 한다 하더라도 여러 사람이 함께 살아가는 오피스에서 주변의 소리를 완전히 차단하는 것은 불가능하다. 이 때문에 보고서를 작성하거나, 데이터 정

1인 부스 활용 유형

집중 업무 Type   폰 부스 Type   회의 겸용 Type

리같이 높은 집중력이 필요한 일이 있을 때는 조용한 부스 안에 들어가는 것이 더 효과적이다. 이러한 1인 업무 공간을 일반적으로 집중 업무 공간이라고 부른다. 한 사람이 들어갈 만한 작은 실을 만들어 그 안에서 집중하여 업무를 처리할 수 있게 한다. 오래 머무르는 공간이 아니므로 간단한 책상과 의자를 배치해주고 수납 가구는 넣지 않아도 된다.

집중 업무 공간은 최근 들어 그 수가 늘어나고 있는 새로운 업무 공간이다. 퍼시스 공간데이터베이스에 따르면 2005년 이전에는 집중 업무 공간을 계획하는 기업이 한 곳도 없었으나 2011년 이후에는 약 10%의 기업에서 집중 업무 공간이 발견되었다. 소음에 대한 적극적인 대처를 시작한 기업이 많아졌다고도 해석할 수 있지만, 변동좌석제를 적용한 기업이 많아졌기 때문이라고 분석할 수도 있다. 고정된 내 자리가 없이 원하는 자리를 매일 선택해서 사용하는 변동좌석제의 특성상 자리의 이동이 많고 개방된 환경의 좌석이 많아 집중하기 어려운 환경이 되기 쉽다. 이 때문에 변동좌석제를 도입한 기업은 필수적으로 집중 업무 공간을 마련하여 집중 업무를 할 수 있도록 환경적으로 지원해야 한다.

폰 부스와 집중 업무 공간은 공간적으로 보기에 규모나 구성이 비슷하다. 극단적으로 디자인의 차이를 제외한다면 물리적으로 동일한 구성이라고 볼 수 있다. 하지만 사용자의 입장에서 살펴본다면 두 공간은 뚜렷한 차이점을 보인다. 폰 부스와 집중 업무 공간은 소음원이 되는 공간을 독립시킬 것인지, 아니면 소음으로부터 집중 업무가 가능

1 업무 공간 근처의 폰 부스를 소형 회의 테이블과 스툴을 배치하여 회의 겸용 타입으로 계획하였다.
2 1인 단위의 부스를 계획하여 책상과 의자를 배치하였다. 약 1,200mm 폭의 책상을 사용하여 한 사람이 개인 업무를 처리할 수 있도록 계획한 집중 업무 공간이다.

한 공간을 독립시킬 것인지의 선택이다. 즉, 소음을 격리할 것인지 아니면 소음으로부터 사람을 격리할 것인지의 문제인 것이다. 이러한 차이는 사용자의 특성에 따라 결정되는 것이므로, 기업의 업무 특성, 직원들의 주된 업무 유형에 따라 필요한 공간을 구성해야 한다.

소음을 해결하는 방법

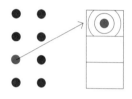

폰 부스는 소음원을 격리한다.

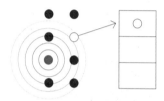

집중 업무 공간으로 소음에서 벗어날 수 있다.

집중 업무 공간을 만들기 위하여 꼭 폐쇄적인 공간을 계획 할 필요는 없다. 동선이 한적한 곳, 내 자리를 벗어나 상쾌한 마음으로 문제를 새롭게 바라볼 수 있는 공간이 있다면 집중 업무 공간으로 충분히 사용할 수 있다.

소음을 줄이는 OA 배치 전략

복사기와 프린터 역시 심각한 소음으로 직원들의 집중을 방해한다. 예전에는 각 팀별로 OA 기기를 하나씩 배치하여 사용하는 것이 보편적인 모습이었다. 위치는 주로 팀의 막내 자리 옆이었다. 하루 종일 사람들이 보내는 출력물로 인해 OA 기기 옆에 앉은 사람들은 출력 소음에 시달려야 했다. OA 기기는 소음만이 문제가 아니었다. 출력물을 가지러 오는 사람들이 지나다니면서 OA 기기 근처에 앉은 사람들은 하루에도 수많은 사람이 자기 자리 옆을 지나다니는 불편을 겪어야 했다.

통합 OA는 이러한 문제를 한 번에 해결할 수 있는 좋은 방법이다. 통합 OA란 팀별로 배치되어 사용하던 OA 기기들을 한곳에 모아 공용으로 사용하는 것이다. 이는 팀별로 각자의 복사기, 프린터, 스캐너, 파쇄기 등의 OA 기기를 배치하는 것보다 훨씬 효율적이다. 우선 주된 소음원이었던 OA 기기의 개수가 대폭 줄어들기 때문에 업무 공간 전체의 소음 문제가 크게 개선된다. 두 번째는 성능의 향상이다. 작은 프린터와 복사기를 여러 개 운영하는 비용으로 크고 성능 좋은 복합기를 1대 운영하는 것이다. 더 좋은 성능의 복합기를 사용하기 때문에 출력 속도에 대한 문제점 역시 극복할 수 있게 된다. 기기의 관리 주체도 바뀌게 된다. 직원들이 주먹구구로 관리하던 방식에서 벗어나 전문 인력이 기기를 정기적으로 관리해준다. 이렇게 되면 오히려 고장 난 기계가 사라져 출력 작업이 훨씬 효율적으로 이루어질 수 있다.

팀마다 OA 기기를 배치해놓은 예전 사무실의 모습

몇 가지 기능을 추가한다면 종이 사용량도 줄이고 보안도 유지할 수 있는 탁월한 선택이 된다. 예를 들면 출력 명령을 받자마자 출력되는 것이 아니라, 직원이 직접 기계에 찾아가 출력 버튼을 눌러야 출력되는 방식이 있다. 이 방식의 장점은 직원이 보는 앞에서 출력이 시작되기 때문에 출력 보안을 철저히 지킬 수 있다는 것이다. 출력 명령을 내린 것을 잊어버리거나, 다른 사람의 출력물과 뒤섞이는 일이 줄어들기 때문이다. 또한, 실수로 내린 출력 명령을 쉽게 취소할 수 있고 직접 걸어가서 출력 명령을 내려야 하므로 꼭 필요한 출력만 하게 된다는 추가적인 장점도 있다. 이러한 장점은 사회 전반적인 페이퍼리스 흐름과 맞물려 통합 OA가 늘어나는 현상으로 나타나고 있다.

통합 OA를 배치할 때는 전체 오피스 공간을 고려하여 실 구획

통합 OA를 계획한 기업

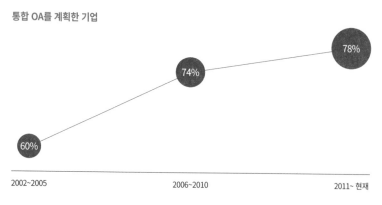

60%	74%	78%
2002~2005	2006~2010	2011~ 현재

출처_ *퍼시스 공간데이터베이스

타입과 부스 타입 중 더 적합한 타입을 선택하면 된다. 부스 타입은 OA 기기를 별도의 구획 없이 오피스 한쪽에 몰아서 배치한 유형이다. 일반적으로 사용하지 않는 자투리 공간들, 예를 들면 출입구 쪽 여유 공간, 모두가 공유하는 복도 등을 활용하여 배치하기 때문에 그만큼 오피스 공간의 활용도가 좋다. 오피스 면적에 여유가 없는 사무실의 경우에는 OA 기기만을 위한 별도 실공간을 구획하는 데 어려움이 있어서 공간 효율이 좋은 부스 타입 통합 OA를 선택하는 것이 좋다.

실 구획 타입은 OA 기기를 별도의 실로 구획된 공간에 모아 독립적으로 배치한 유형이다. 출력기기들의 특성상 주변에 종이나 스테이플러 등 물건이 쌓여있어 지저분해 보일 수 있는 공간을 시각적으로 차단해서 좀 더 깔끔하게 배치할 수 있다는 장점이 있다. 하지만 가장 큰 장점은 소음과 미세물질을 확실히 차단할 수 있다는 점이다. 호주 퀸즐랜드 테크놀로지대의 실험에 따르면 전체 프린터 62대 중 30%에 해당하는 17대가 다량의 미세물질을 배출했다. 레이저 프린터에서 발생하는 미세물질에 지속해서 노출될 경우 진폐증이나 호흡기 질환에 걸릴 가능성이 커지기 때문에 프린터와 업무 공간이 멀리 떨어져 있는 것이 좋다.[20] 미세물질 이외에도 프린터에서 발생하는 오존이 직원의 건강에 악영향을 끼치는 점을 고려한다면 실 구획 타입은 가장 확실한 해결 방법이다.

오피스에는 회의 소음, 전화 소음, OA 소음 등 집중을 방해하는 요소가 많다. 업무 과정에서 필연적으로 발생하는 이러한 소음이 존재

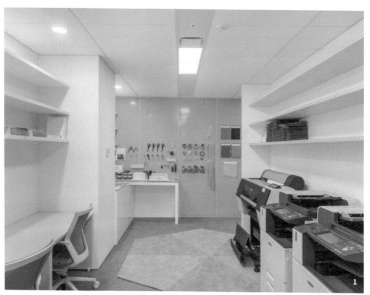

1 플로터와 복합기를 독립된 공간에 배치한 실 구획 타입이다. 출력물을 가공할 수 있는 추가의 작업 공간과 복사용지를 보관할 수 있는 수납공간을 골고루 갖추었다. 2 복도의 한쪽 여유 공간에 복합기와 팩스를 배치한 부스 타입은 오피스 공간의 활용도가 좋아 면적이 좁은 오피스도 충분히 계획할 수 있다.

하는 한 '집중'과 '소통'이라는 두 가치는 서로의 우위를 주장하며 치열하게 경쟁하게 된다. 집중하기 좋은 오피스를 선택하면 내 자리에서 즉각적인 협업을 하기 어려워지고, 소통하기 좋은 오피스를 선택하면 내 자리에서 집중하여 일하기 어려워진다.

두 가지를 동시에 달성하는 것은 어려운 일이기에 기업은 선택의 기로에 서게 된다. 결국, 선택의 문제다. 두 가치 중 무엇을 더 우선시할지 결정하는 것은 기업이 지금까지, 그리고 앞으로 일하는 방법을 정리한다면 자연스럽게 방향이 나온다.

많은 기업에서 소통을 지향하는 열린 오피스를 선택하고 있다. 그렇지만 모든 오피스가 열린 오피스가 돼서는 안 된다. 어떤 기업은 열린 오피스가 득이 되지만, 어떤 기업은 열린 오피스가 오히려 독이 된다. 열린 공간도 닫힌 공간도 오피스를 구성할 때 고려해야 하는 선택지 중 하나다. 그러므로 두 공간의 장단점을 잘 파악하여 적재적소에 배치하는 치밀한 공간 계획이 필요하다.

오픈 오피스에 실공간 구획하기

소음 문제를 해결하기 위해 벽을 세우고 회의실을 새로 만들고 싶지만, 당장 내년에 대규모 조직변경이 예상된다. 지금 벽 공사를 해도 1년도 채 쓰지 못하고 다 허물어야 하는데 굳이 회의실을 만들어야 할까? 조직변경이 잦아 공간을 자주 바꿔야 하는 기업이라면 가변형 벽체인 '시스템 월'을 활용해보자.

- 시스템 월System wall은 일반 벽과 달리 벽체의 이동과 변경이 쉬운 가변형 벽체이다. 철골과 석고를 이용해 만드는 일반 벽과 달리 공장에서 제작한 반제품 패널을 조립하는 방식으로 만든다.
- 레이아웃 변경의 요구가 있으면 조립된 패널을 해체하여 새롭게 재조립하거나, 벽체 패널을 문으로 바꾸는 식으로 공간의 변화에 유연하게 대응할 수 있다.
- 해체한 패널을 사용하여 다른 층의 회의실을 새롭게 만들어도 되고, 창고에 따로 보관해두었다가 다음 조직 변경 때 사용해도 된다. 중간 벽을 추가하여 회의실 1개를 작은 회의실 2개로 바꿀 수도 있다. 이처럼 벽체의 고정 비용을 절약할 수 있어서 효율적이고 경제적인 전략 중 하나이다.

1   시스템 월을 사용한다면 공간의 니즈가 바뀌어도 그에 맞춰 오피스를 즉각 수정할 수 있다. 벽체를 조금 옮기거나 패널의 위치를 맞교환하는 방식으로 최소한의 비용과 빠른 시공이 가능하다.

STEP 1

금요일 저녁 임원실 2ea + 회의실 1ea
기존 임원실 2개 중 1개를 교육실로 변경하려고 함

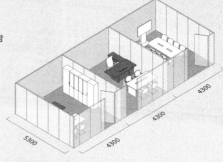

STEP 2

토요일 교육실 1ea 추가
임원실이 다소 협소하여 벽체를 해체하여 원하는 위치로 이동

● 기존 시스템 월 유지
● 기존 시스템 월 이동
● 다른 시스템 월로 교체

STEP 3

월요일 오전 임원실 1ea + 회의실 1ea + 교육실 1ea
공간 니즈에 따라 교육실을 추가한 새로운 레이아웃 완성

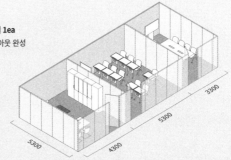

현대 직장인들의 연평균 근로시간은 2,113시간.
우리는 하루 중 대부분의 시간을 오피스에서 보낸다.

5

여전히
내 자리는 중요하다

Diversity of Work Settings

여전히 내 자리는 중요하다

　최근 인스타그램 등 소셜 네트워크 서비스에 '데스크테리어'라는 해시태그가 증가하고 있다. 데스크테리어란 Desk와 Interior를 합친 말로 마치 집을 꾸미듯 다양한 디자인 소품으로 책상을 단장하는 것을 말한다. 데스크테리어는 스타일링과 인테리어에 익숙한 여성을 중심으로 시작됐지만, 점차 직장인 전체로 확산되고 있다. 보기만 해도 웃음이 나오는 유쾌한 사무용품은 물론이고 좋아하는 스포츠팀의 상징물, 사랑하는 가족의 사진, 하루가 다르게 쑥쑥 자라는 사랑스러운 애완식물도 들여놓는다. 이러한 트렌드의 등장은 하루의 절반 이상을 오피스에서 보내는 만큼 내 자리에 애정을 가지고 업무와 직장생활 전체에 활력을 불어넣으려는 의도로 해석할 수 있다.

　이처럼 내 자리란 오피스에서 직원들이 하루 중 가장 오랜 시간을 보내는 장소이며 모든 업무를 시작하는 조직의 기본 단위이다. 하지만 의외로 많은 기업이 내 자리의 중요성을 간과하고 있다. 외부인에게 보여주는 로비나 라운지는 근사하게 꾸며놓았지만 정작 오피스를 가장 오래 사용하는 직원들에게는 낙후된 공간에서 일할 것을 요구한다. 책상과 의자는 낡고 불편하며 책상 위에는 각종 책과 서류들이 산더미처럼 쌓여 있다. 가구 구성 역시 실제 업무와 동떨어져 있어 거의 사용하지 않는 가구가 넓은 공간을 차지하는 경우가 많다. 멋진 사무환경으로 외부인에게 좋은 첫인상을 남기는 것도 중요하지만 오피스에서 가장 많은 시간을 보내는 사람은 외부인이 아니라 직원이다. 직원들이 일하는 공간이라는 오피스의 본질을 떠올린다면 이는 본말이 전도된 사무환경이라 할 수 있다.

일하기에 불편한 가구 구성 역시 문제가 된다. 한정된 오피스 공간 안에서 최대한의 업무 효율을 창출해내려면 직원에게 제공할 필요 가구의 우선순위를 정확하게 파악해야 한다. 온종일 종이로 된 서류를 검토하는 팀과 수많은 모니터와 태블릿을 사용하여 그래픽 작업을 하는 팀에게 똑같은 오피스에서 일하라고 할 수는 없다. 업무 특성이 다르므로 가장 먼저 지원해줘야 하는 우선순위 역시 다르다. 서류 작업을 주로 하는 팀은 문서와 자료를 보관할 개인 수납 가구가 필요할 것이고 그래픽 작업을 주로 하는 팀은 여러 대의 모니터를 놓기 위한 넓은 책상이 필요할 것이다.

이처럼 업무 특성을 반영하지 않고 내 자리를 만든다면 꼭 필요한 기능이 빠진 반쪽짜리 내 자리가 될 수밖에 없다. 그리고 불완전한 내 자리로 인해 생겨나는 업무의 불편함은 결국 기업 전체의 손실로 이어지게 된다. 직원들은 데스크테리어를 통해 어떻게든 자리를 개선하기 위해 노력하겠지만, 오피스 공간의 구조적인 문제를 개인의 노력으로는 해결하기 쉽지 않다.

오피스는 일하는 곳이다. 그리고 우리는 기업마다, 팀마다, 업무 분야마다 다르게 일한다. 그러므로 업무 특성에 따라 내 자리를 맞춤 제공하여 업무 효율을 높일 수 있도록 지원해야 한다. 내 자리가 업무의 시작이며 조직의 기본 단위라는 점을 고려한다면 좋은 사무환경을 만들기 위한 기본은 바로 조직이 어떤 일을 하는지, 직원들이 어떻게 일하는지 파악하여 최고의 내 자리를 만드는 것이라고 할 수 있다.

일 잘되는 내 자리 계획하기

개인 업무 공간을 구성하는 아이템들

흔히 개인 업무 공간을 '책상과 의자'라고 간략하게 표현하곤 하지만 실제로 책상과 의자만 주어지는 업무 공간은 없다. 우리는 일할 때 책상도 사용하고 서랍도 사용하고 컴퓨터도 사용한다. 이 중 무엇 하나라도 빠지면 일을 할 수 없다. 책상은 있지만 컴퓨터가 없다면? 서랍은 있지만 책상이 없다면? 컴퓨터는 있지만 콘센트가 없다면? 사무기기는 서로 긴밀하게 연결되어 업무를 최적으로 지원해줄 수 있어야 한다. 이처럼 유기적으로 구성된 직원 개인의 업무 공간을 워크스테이션Workstation이라고 부른다.

워크스테이션은 전문가를 위한 비즈니스용 컴퓨터를 의미했다.

하지만 1990년대부터 본격적인 사무 자동화가 진행되면서 오피스에 전문가용 컴퓨터가 놓이기 시작했다. 처음에는 2~3명이 워크스테이션 1개를 공유했지만 이내 모든 사람이 워크스테이션을 1개씩 사용하게 되었다. 전문가용 컴퓨터가 업무 공간을 구성하는 필수 요소가 되면서 이제는 오피스에서 워크스테이션이라 하면 컴퓨터와 사무 가구가 조합된 1인용 업무 공간을 의미하게 되었다.

워크스테이션은 시스템 가구를 조합하여 만들기 때문에 종류가 굉장히 다양하다. 비슷해 보이는 오피스 사진이라도 자세히 살펴보면 워크스테이션의 형태가 조금씩 다르다는 것을 알 수 있다. 책상 크기나 수납 가구의 형태는 물론이고 각 아이템이 조합되는 방식도 다르다. 그렇다면 수많은 경우의 수 중 무엇을 선택해야 할까? 많은 사람이 워크스테이션을 어렵게 생각하는 것은 이 때문이다. 기본적인 구성 요소를 파악하기 전에 다양한 조합 형태를 먼저 접하게 되어 꼭 필요한 아이템을 일목요연하게 파악하지 못하게 된다.

그러므로 워크스테이션 선택은 완성품을 선택하는 방식이 아니라 나에게 필요한 구성 요소를 찾아 직접 조합하는 방식이 되어야 한다. 이미 만들어진 기성품 같은 워크스테이션이 아니라 나에게 필요한 내용만 골라서 워크스테이션을 직접 만드는 것이다. 워크스테이션을 만들기 위해서 우선 워크스테이션을 구성하는 3가지 기본 요소를 이해해야 한다. 작업 면적, 수납, 그리고 차폐물이다. 시스템 가구의 특성상 조합할 수 있는 수많은 가구가 있지만, 근본적인 목적은 위의 3가지를 만들어내는 것이다. 그러므로 직원들의 업무 특성을 고려하여 3가지 요소의 방향성을 정한 후 이를 가능하게 하는 시스템 가구를 조합하면 최적의 워크스테이션을 만들 수 있다.

업무의 핵심, 작업 면적

책상의 형태는 워크스테이션 디자인에 가장 큰 영향을 주며, 작업 면적을 결정하는 결정적인 요소이기 때문에 각각의 장단점을 고려하여 업무 특성에 가장 적합한 형태를 고르는 것이 중요하다. 책상의 형태는 제조사마다 디자인이 조금씩 다르지만 크게 직선형, L형, 120° 3가지로 분류할 수 있다.

직선형 책상   L형 책상   120° 책상

직선형 책상

가장 기본적인 책상으로 직사각형 형태로 만들어진다. 기본적인 형태이기 때문에 워크스테이션 구성의 가능성 역시 가장 넓다. 직선

형 그대로 사용할 수도 있고, 연결 가구를 사용하여 L형으로 사용할 수도 있다. 책상 한쪽 면에 곡선이 있거나, 책상 모서리가 둥글거나, 한쪽 면이 약간 두꺼운 형태 등 여러 디자인이 존재한다. 퍼시스 공간데이터베이스에 의하면 직선형 책상은 2011년 이후 전체 오피스의 71%에서 발견되어 한국에서 가장 많이 사용하는 책상 형태가 되었다.

L형 책상

90년대 중반에 등장하여 오피스 책상의 대표 이미지를 형성한 책상이다. L형 책상이 오피스의 주류로 자리 잡은 이유가 상당히 재미있는데, CRT 모니터가 너무 크기 때문이었다. 90년대 이전에는 직선형 책상만 사용했다. 하지만 90년대 후반이 되자 모든 사람이 컴퓨터를 사용하게 되었고 책상마다 CRT 모니터가 하나씩 놓이게 되었다. CRT 모니터는 부피가 크기 때문에 직선형 책상에 모니터를 올려놓을 경우 키보드를 놓거나 서류를 놓을 작업 면적이 부족해진다. 이를 해결하려면 모니터의 부피를 줄이거나 새로운 공간 활용 방법을 찾아내야 했다. L형 책상은 코너 부분에 모니터를 대각선으로 배치하고 양 측면의 공간을 보조 작업 면적으로 사용한다는 새로운 해답을 제시하면서 오피스의 대세로 떠올랐다. 실제로 2005년 이전에 L형 책상을 사용하는 기업은 전체의 80%나 되었다. 하지만 기술이 발달하고 얇은 LCD 모니터가 점차 보편화되면서 L형 책상의 근본적인 필요성은 사라졌다. 지금은 상판이 크다는 장점으로 인해 넓은 작업 면적이 필요한 기업에

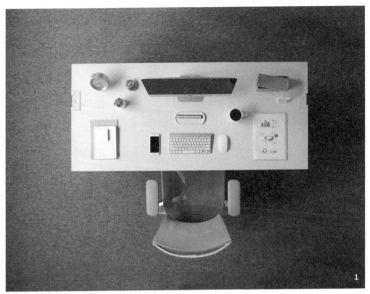

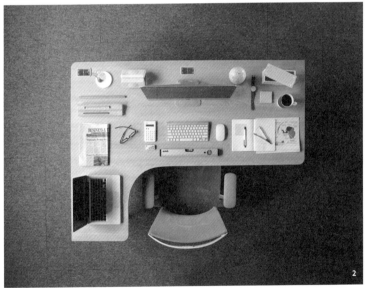

1 가장 기본적인 형태의 직선형 책상은 컴팩트한 사이즈로 오피스 공간을 효율적으로 활용하는 데 적합하다. 2 L형 책상은 넉넉한 작업 면을 활용하여 업무의 능률을 높일 수 있다.

서 선호하는 책상이 되었다.

120° 책상

L형 책상과 비슷하지만, 책상이 90°가 아닌 120°로 꺾여있는 책상이다. 인간공학적인 접근법에서 디자인된 책상으로 사람의 팔이 닿는 부분에 맞추어 작업 면적을 제공할 수 있다. 허리를 굽히거나 자리에서 일어나지 않아도 모든 작업 면적에 손을 뻗을 수 있어 사용자의 신체에 가장 편안한 형태이다. 책상이 사용자를 감싸는 형태이기 때문에 다른 사람과 작업 면적이 겹치지 않아 독립적인 업무 환경을 만들 수 있다는 점 역시 장점이다. 시선을 조금만 옮겨도 전면을 한 번에 조망할 수 있으므로 모니터를 여러 개 사용하는 영상 그래픽 디자이너나 증권사 딜러에게도 좋다. 다만 일반적으로 사각형인 사무실 평면에서는 직선형이나 L형에 비해 공간을 더 많이 차지하므로 실제 배치 시 꼼꼼한 공간 검토가 필요하다.

책상의 형태를 결정했다면 작업 면적의 크기를 정해야 한다. 작업 면적을 결정하는 아이템은 책상과 익스텐션이다. 일반적으로 책상의 가로 폭은 1,200mm에서 1,800mm까지 200mm 단위로 크기가 커지며, 깊이는 600mm에서 900mm까지 50mm 단위로 크기가 커진다. 이 중 한국에서는 가로 1,600mm 책상이 전체의 59%로 가장 많이 쓰이고 있다. 넓은 작업 면적이 필요한 경우 가로 폭 1,800mm

혹은 2,000mm 책상을 사용하는데, 이보다 작업 면적을 넓히고 싶다면 익스텐션을 책상에 연결하여 사용하면 된다. 익스텐션은 2명이 컴퓨터 1대를 공유하던 시절 컴퓨터를 놓기 위해 디자인되었으나 지금은 작업 면적 확장을 목적으로 주로 사용하고 있으며, 익스텐션 하부 공간을 수납공간으로 활용하는 경우도 많다.

익스텐션을 활용한 작업 면적의 확장

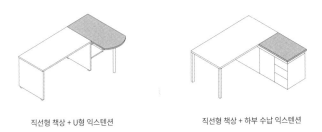

직선형 책상 + U형 익스텐션   직선형 책상 + 하부 수납 익스텐션

쾌적한 사무실의 비결, 수납

충분한 작업 면적을 제공하더라도 수납공간이 없다면 제대로 활용할 수 없다. 책상 위에 서류나 서적 등이 잔뜩 쌓이면 실제 사용할 수 있는 공간이 줄어들기 때문이다. 이 때문에 필요한 수납량에 맞게 수납 가구를 제공해야 한다. 수납량을 파악하려면 우선 지금 사용하는 수납량을 확인해야 한다. 현재 서랍의 사용 수준이나 책상 위에 쌓여

있는 물건의 양을 조사하여 평균 수납량을 계산하면 된다.

여기에 더하여 수납 물품이 생기는 시점, 보관 기간과 같은 수납의 흐름도 함께 조사해야 한다. 회계나 재무 업무와 같이 하루에 만들어내는 서류의 양이 많은 직군은 항상 넉넉한 수납이 필요하다. 하지만 일시적으로 수납량이 증가하는 직군이라면 평소 수납량에 근거하여 수납을 제공해야 한다. 즉 현재의 수납량을 표준으로 단정 짓고 그대로 워크스테이션에 반영하는 것으로는 부족하다는 뜻이다. 예를 들어 버리지 못한 채 쌓아만 두는 물건은 실제 필요한 수납량이 아니므로 제외해야 한다.

수납에서 책과 서류가 차지하는 비중이 제일 높지만 다른 형태의 물건, 이를테면 샘플이나 소도구 등 서류의 형태가 아닌 수납의 경우 일반적인 수납장으로는 감당하기 어려울 때가 많다. 커다란 제품 샘플을 개인 캐비닛 안에 넣어두고 개인 서류는 모두 책상 위에 올려놓거나, 공용 물품을 박스째로 통로에 비치하여 통행이 불편해지기도 한다.

다양한 수납 가구 유형

1. 서랍 타입   2. 서랍+타워장 타입   3. 서랍+라이저 타입   4. 서랍+라이저+행잉 타입

만약 책이나 A4용지에 적합한 서랍 안에 커다란 제품의 샘플을 한 개만 보관하고 있다면 수납의 형태 자체를 근본적으로 다시 고민해야 한다. 가구를 이용한 개인 수납에는 한계가 있으므로 너무 크거나 특이한 형태의 수납이 자주 발생한다면 오히려 창고를 마련하여 공용으로 사용하는 편이 쾌적한 사무환경을 만들 수 있다.

수납 가구는 책상 아래에 놓고 사용하는 서랍 타입, 책상 옆에 놓고 사용하는 타워장 타입, 책상에 올려놓고 사용하는 라이저 타입, 책상보다 높게 스크린이나 파티션에 부착하는 행잉 타입으로 나눌 수 있다. 이 중 라이저 타입과 행잉 타입은 수직 적층이 가능하기 때문에 1인당 점유 면적의 증가 없이 수납량을 늘릴 수 있다. 1번부터 4번까지의 이미지를 보면 워크스테이션이 놓인 바닥의 면적은 동일하지만 수납량이 모두 다른 것을 알 수 있다. 1번에서 4번으로 가면서 타워장, 라이저, 행잉 수납을 추가하여 바닥 면적의 증가 없이 수납공간을 확장하였다.

이처럼 수납 가구는 그 종류와 조합 방식이 굉장히 다양하다. 제조 업체에 따라, 그리고 제품 시리즈에 따라 컨셉이나 디자인, 수납 방법을 다채롭게 고를 수 있으므로 워크스테이션의 개성을 드러낼 수 있다. 그러므로 특별한 워크스테이션을 구성하고 싶다면 수납 가구에서 아이디어를 시작하는 것이 좋다.

공간을 창조하는 차폐물

차폐물의 종류는 직원들의 업무 생산성은 물론이고 발상과 사고에도 영향을 준다. 한 실험에 따르면 패널의 설치 여부에 따라 업무 집중도가 최대 30%까지 차이가 나는 것으로 나타났다.[21] 실험팀은 파티션을 전혀 설치하지 않은 환경과 파티션을 3면에 설치한 환경에서 업무를 하게 한 뒤 실험 대상자의 뇌파를 측정하여 집중력을 측정하였다. 그 결과 패널을 설치하지 않은 경우에는 집중력이 올라가는데 많은 시간이 걸렸지만, 패널을 3면에 설치한 경우 집중력이 높아지는데 걸리는 시간도 빠르고, 집중력의 깊이 역시 두 배가량 높았다.

오픈 플랜 오피스에서는 주변의 회의나 통행자의 시선 등 집중을 방해하는 요소가 많다. 이를 차폐물을 이용하여 막아준다면 집중에 도움이 되지만, 반대급부로 직원과 직원 사이의 소통 가능성은 줄어들게 된다. 높은 차폐물이 너무 많으면 오피스가 답답해지고 직원들이 고립된 기분을 느낀다.

그러므로 차폐물의 특성을 정하기 위하여 소통이 많은 업무인지 집중이 중요한 업무인지 파악하여 종류와 높이, 차폐 정도를 선택해야 한다. 다른 사람의 업무를 빠르게 파악하고 다른 부서원들과 계속하여 연결되어야 하는 업무라면 차폐물을 적게 배치하여 소통이 쉬운 업무 공간으로 만들어야 한다. 반대로 주변의 통행이나 소음이 업무에 방해를 주는 집중형 업무라면 차폐물을 충분히 배치하여 폐쇄형 업무 공

1 개인의 워크스테이션 영역을 확실히 구분 짓는 파티션은 개인 업무에 집중하기 좋은 환경을 만들어 준다. 2 바닥에 놓지 않고 책상에 부착하는 스크린은 파티션에 비해 보다 가볍고 개방적인 분위기를 만드는 데 적합하다.

간으로 만들어야 한다.

오피스에서는 차폐물로 파티션과 스크린을 주로 사용한다. 파티션은 일종의 간이 벽체로 파티션과 파티션을 조립하여 하나의 구조체를 만들어 견고하고 조직적인 분위기를 준다. 반대로 스크린은 책상에 가림막만 부착하기 때문에 파티션에 비해 가벼운 느낌을 준다. 좀 더 폐쇄된 업무 공간을 제공하고자 한다면 스크린보다 파티션이 적합하다. 스크린은 일반적으로 전면 시야만 차단하지만 파티션은 전면의 상하부는 물론 필요하다면 측면까지도 차단해주기 때문이다.

퍼시스 e-survey에 따르면 사람들은 의자에 앉았을 때 바로 앞자리의 사람과 시선 교환이 되지 않을 정도의 파티션 높이를 가장 선호한다. 평소에는 내 모니터에만 집중할 수 있는 환경이지만 필요에 따라 동료와 소통이 필요한 경우에는 자리에서 고개를 약간 들면 시선 교환이 가능한 높이다. 약 1,200mm 높이의 파티션과 일반적인 스크린이 여기에 해당한다. 파티션의 높이는 주변 동료와의 시선 교환에 영향을 미치기 때문에 오피스 내 의사소통을 촉진할 수 있는 요소 중 하나이다.

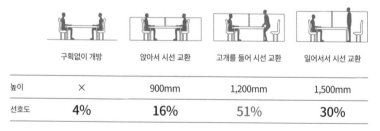

	구획없이 개방	앉아서 시선 교환	고개를 들어 시선 교환	일어서서 시선 교환
높이	×	900mm	1,200mm	1,500mm
선호도	4%	16%	51%	30%

출처_ **퍼시스 e-survey

워크스테이션 배치하기

워크스테이션의 형태를 정했다면 이제 오피스 전체의 레이아웃을 구성해야 한다. 오피스는 개인이 사용하는 공간이 아니라 여러 사람이 함께 모여서 일하는 조직의 공간이므로 워크스테이션이 1개만 단독으로 배치되는 일은 없다. 특히 벽이나 칸막이가 거의 없는 최근의 오픈 플랜 형식의 오피스에서는 전체 레이아웃을 어떻게 정하는가에 따라 오피스의 이미지가 크게 변한다. 벽이 없으므로 공간 구획의 역할을 가구가 맡게 되며, 워크스테이션의 파티션이나 수납 가구가 공간을 구분해준다. 따라서 레이아웃의 선택은 전체 공간을 어떻게 사용할 것인지 결정하는 중요한 이슈이다. 많은 기업이 레이아웃의 보편성과 특수성 사이에서 고민한다. 일반적으로 많이 사용하는 단정한 형태의 레이아웃과 틀을 벗어난 파격적인 형태의 레이아웃 중 무엇이 조직에 가장 적합한지 장단점을 따져봐야 한다.

일반적으로 오피스에서 가장 많이 사용하는 기본형 레이아웃은 워크스테이션을 일렬로 마주 보게 붙인 형태이다. 사용자가 마주 보고 있다는 의미에서 대향형 레이아웃으로 불리며, 레이아웃 형태가 깔끔하고 동일한 면적의 다른 레이아웃에 비해 많은 워크스테이션을 배치할 수 있다는 장점으로 인해 한국에서 가장 많이 사용하는 레이아웃이다. 다만 지나치게 빽빽하게 배치하여 업무 공간의 밀도가 높아지기도 한다. 또한 직원들이 일렬로 앉아 있으므로 소규모 그룹의 긴밀한 소통이 중요한 경우에도 적합하지 않다.

　　이러한 단점을 극복하기 위해 제안되는 형태가 바로 4인 기준으로 그룹을 만들어 배치한 레이아웃이다. 직원들이 등을 맞대고 앉아 있다는 뜻에서 배향형 레이아웃으로 불리며, 워크스테이션 4개로 구성된 하나의 공간은 레이아웃을 구성하는 세포라는 의미에서 셀cell이 된다. 4인 혹은 그 이상의 단위가 긴밀한 소통을 할 수 있으므로 조직의 단합에는 적합하지만 레이아웃 구성 시 필요로 하는 면적이 넓어 공간 효율은 상대적으로 낮은 편이다.

　　대향형 레이아웃과 배향형 레이아웃은 현재 오피스에서 가장 많이 사용하는 레이아웃이다. 퍼시스 공간데이터베이스에 따르면 대향형은 2010년 이후 전체의 45%를 차지하였고, 배향형 레이아웃은 전체의 42%를 차지하였다. 특히 대향형 레이아웃은 2000년대부터 현재까지 꾸준하게 사용량이 증가하고 있어 앞으로도 한국 오피스에서 주류를 이루는 보편적인 레이아웃으로 자리매김할 가능성이 가장 크다.

　　하지만 보다 창의적이고 색다른 공간을 원한다면 120° 책상을 이용한 링크형 레이아웃을 활용할 수 있다. 직선과 직각이 주류를 이루는 오피스 환경에서 120°라는 각도를 적용한 링크형 레이아웃은 업무 공간에 색다른 활기를 부여할 수 있다. 반대로 조직 단위의 업무에서 벗어나 개인의 집중 업무를 최대한으로 지원해주고자 한다면 차폐물을 이용해 1인 업무 공간을 확실하게 구분해주는 독립형 레이아웃으로 구성하는 것이 필요하다.

이처럼 링크형 레이아웃과 독립형 레이아웃은 업무 특성에서 개성이 확연히 드러나는 일종의 특수 레이아웃이다. 실제 사용량은 대향형과 배향형에 비해 낮은 편이지만, 업무에 적합하다고 생각하는 기업에서 꾸준히 선택하고 있는 활용도 높은 레이아웃이라고 할 수 있다.

레이아웃은 앞서 말한 대향형, 배향형, 링크형, 독립형의 4가지 분류로 나눌 수 있다. 하지만 각각의 분류 아래에서도 워크스테이션의 형태에 따라 레이아웃별 특징에는 조금씩 차이가 있다. 비슷한 레이아웃으로 보일지라도 워크스테이션의 특징이나 형태에 따라 사용 방식이 변하기 때문이다. 그러므로 워크스테이션과 레이아웃의 최종 결정은 조직의 업무 특성이나 지향점을 반영해야 한다.

맞춤 업무 공간 계획하기 1

소통에 유리한 기본 레이아웃

소통을 중요하게 여기는 기업이 많아지면서 직원과 직원 사이의 차폐물을 줄여 개방적인 업무 공간을 만들 수 있는 대향형의 기본 레이아웃의 인기가 높아지고 있다. 신약을 개발하는 연구 기반의 A기업 역시 원활한 소통을 기대하며 기본 레이아웃을 선택하였다. 기존 오피스는 사용 인원이 증가하면서 추가 공간을 임대하여 오피스를 꾸미게 되었다. 이 과정에서 직원 사이의 단절이 심해지고 하나의 응집된 기업문화를 형성하기 어렵다는 문제가 생겼다. 이로 인해 새로운 오피스에서는 업무 관련도가 높은 직원끼리 쉽게 소통할 수 있는 환경을 조성해야 기업에 꼭 필요한 창의적 업무 환경이 만들어질 수 있다고 판단하였고, 팀과 직급 구분을 없앤 평등한 레이아웃을 구성하여 실험에 관한 논쟁, 업무에 관한 토론이 언제든지 교류될 수 있도록 시도하였다.

차폐물을 줄이는 것 역시 소통형 오피스를 위한 노력 중 하나였다. 직선형 책상을 연결하여 배치한 레이아웃은 전면부에만 차폐물을 설치하였다. 파티션 대신 스크린을 이용하였고 이 때문에 좌석과 좌석 사이에 약간의 틈이 생겨 가벼운 소통이 가능한 분위기가 생긴다. 측면부는 차폐물을 설치하지 않았지만, 레이아웃의 양 끝은 막아주어 최소한의 프라이버시를 보호해주었다. 측면부는 파티션이나 스크린 대신 캐비닛을 사용하였는데, 이를 통해 공용 수납의 요구를 충족시킬 수 있었다.

가장 기본적인 책상과 서랍, 최소한의 차폐물인 전면 스크린을 사용한 기본형 레이아웃은 컴팩트한 배치로 공간을 효율적으로 사용하는 데 적합하다.

 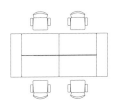 

맞춤 업무 공간 계획하기 2

서류 업무에 편리한 레이아웃

개방적인 레이아웃은 활발한 소통을 장려하는 조직에는 어울리지만, 개인의 집중 업무가 많고 서류 검토가 많은 조직에는 어울리지 않는다. 인허가 검토 업무를 주로 하는 B기업은 항상 부족했던 개인 수납을 개선하여 충분한 수납공간을 갖춘 오피스로 변화하기를 원했다. 오피스는 언제나 지저분했는데, 그 이유는 책상과 복도에 쌓여있는 수많은 책과 서류 때문이었다. 업무 한 건에 4,000부가 넘는 서류가 포함되어 있었고, 이를 담당자 개인이 모두 보관해야 했다. 수납 문제를 해결하기 위하여 레이아웃은 직원들의 의견에 따라 수시로 변형되었고, 그 결과 부서마다 사용하는 면적이 전부 달라 오피스 전체의 통일성이 무너져버렸다.

이를 개선하기 위하여 B기업은 우선 개인 수납을 충분히 제공하는 워크스테이션을 구성하였다. 서류를 검토하는 개인 업무가 많아 전면은 물론 집중을 위한 측면 차폐물도 필요하였기 때문에 파티션의 기능까지 겸할 수 있는 타워장을 선택했다. 책상과 같은 높이로 연결된 타워장의 오픈 수납공간에는 자주 보는 서류를 쉽게 보관할 수 있는 장점이 있다. 타워장 외에도 개인 수납을 할 수 있는 하부장을 제공하여 서류를 충분히 수납할 수 있도록 워크스테이션을 설계하였다. 기본 형태의 대향형 레이아웃을 모든 부서에 동일하게 제공하여 부서 간 면적 불균형을 해소하였고, 깔끔한 수납으로 인해 오피스의 이미지 역시 향상될 수 있었다.

책상에 타워장을 조합한다면 수납공간을 추가로 제공하는 것뿐만 아니라 옆자리와의 시선을 차단하는 측면 스크린의 기능까지 담당한다.

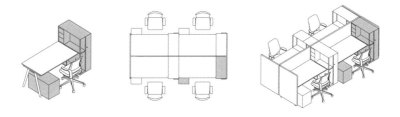

유연성을 최대로 높인 레이아웃

인원이 고정된 조직과 달리 인원의 변동이 큰 조직은 레이아웃의 유지 관리에 공을 들이게 된다. 프로젝트 업무가 많은 C기업은 계약직 직원이 급격히 증가하는 시기가 1년 중 2~3차례 정도 있다. 기존에는 인원의 최댓값을 예상하여 모든 사람이 앉을 수 있도록 좁은 책상을 여러 개 붙여 빽빽한 대향형 레이아웃을 사용하고 있었다. 하지만 직원의 수가 줄어들었을 때 공석을 비워둔 채로 유지하지 못하는 문제가 발생하였다. 직원들이 여러 이유를 들며 공석을 계속하여 점유하였고, 빈자리가 부족해지면서 여유 공간에 책상을 계속하여 추가 배치하였다. 이 때문에 오피스는 비좁고 답답해졌다.

이를 해결하기 위해 좁은 자리를 많이 준비하는 기존의 방식을 탈피하여 주어진 자리를 직원들이 나누어 사용할 수 있도록 변경하였다. 책상을 여러 개 연결하는 대신 커다란 테이블 1개를 사용하는 벤칭 스타일을 적용하였다. 커다란 테이블 형태라서 2명이 앉던 자리에 3명이 앉아도 책상다리가 직원의 신체에 부딪히는 불편이 사라졌다. 직원이 적은 시기에는 4명이 테이블을 1개 사용하고, 직원이 많아지면 6명이 테이블을 1개씩 사용하게 되어 최대 1.5배의 인원을 수용할 수 있게 되었다. 별도의 측면 스크린을 제공하지 않았는데, 이는 좌석 점유를 막아 업무 공간의 탄력성을 유지하려는 목적 때문이다.

빅테이블 형태의 책상에 움직이는 수납 가구를 넣어 변동 가능성을 높인 벤칭 스타일은 필요에 따라 추가 인원을 수용할 수 있는 탄력 있는 레이아웃이다.

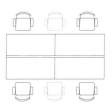

맞춤 업무 공간 계획하기 4

작업 면적 확보를 위한 레이아웃

한 번에 많은 자료를 보며 업무를 처리해야 한다면 직선형 책상으로는 작업 면적이 부족해지기 쉽다. 생산 및 품질 관리 업무를 주로 하는 D기업은 컴퓨터를 이용한 도면 설계가 업무의 90%에 달한다. 도면 설계와 제품 가공을 위한 컴퓨터를 동시에 사용하기 때문에 모니터를 2개씩 놓고, 일반 서류보다 사이즈가 큰 제품 스펙 자료와 설계 지침서를 펼쳐서 작업해야 하는 만큼 넉넉한 작업공간이 필요했다.

기존에 사용하던 대향형 레이아웃은 개방 정도가 크고 작업 면적도 좁아 직원들의 만족도가 매우 낮았기 때문에 새로운 오피스에서는 배향형 레이아웃을 선택하였다. 업무 집중을 위해 4인을 1셀로 구성하였고 셀 내부에 회의 테이블을 1개 제공하여 개인의 집중 업무와 셀 단위 의사소통을 장려하였다. 자주 사용하는 참고 자료와 샘플을 보관할 수 있는 개인 수납은 책상의 하부장을 통해 해결하였고, 수납공간의 상부를 모두 작업 면적으로 사용할 수 있도록 L형 책상으로 구성하였다.

공용 수납을 위한 캐비닛은 최소한으로 배치하였는데, 이는 부서 간 공유하는 수납이 거의 없어 기존의 공용 수납공간이 잡동사니만 보관하는 장소가 되어버렸다는 판단 때문이었다.

직선형 책상을 배향형 레이아웃으로 배치하는 경우에는 책상 한쪽에 하부 수납과 보조 상판을 조합하여 L형 책상처럼 작업 면을 넓게 활용할 수 있다.

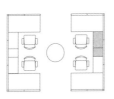

맞춤 업무 공간 계획하기 5

수납에 최적화된 레이아웃

개인이 보관해야 하는 수납량이 상상 이상으로 많은 조직이 있다. 유통 업무를 주로 진행하는 E기업은 직원 개개인이 담당하는 브랜드의 샘플을 직접 관찰하고 분석해야 하는 업무의 특성상 수많은 샘플을 책상에 쌓아두고 있었다. 여기에 혼자 집중하는 업무보다 프로젝트를 함께 진행하는 그룹 단위의 협업이 많다는 업무 특성이 결합하자 동료들과 함께 검토해야 하는 샘플이 자리 주변에 산처럼 쌓여 통로 공간까지 침범하게 되는 상황에 놓였다. 기존 오피스에서 사용하던 대향형 레이아웃으로는 이러한 문제점을 해결할 수 없다고 판단하여 4인 1셀의 배향형 레이아웃으로 변경하기로 결정하였다.

우선 프로젝트 단위에 맞춰 4인 규모의 셀을 구성하였다. 가장 고민이었던 수납 문제를 해결하기 위해 책상 하부는 물론 상부 공간까지 모두 수납공간으로 활용할 수 있도록 하였다. 상부 수납공간은 서류나 책 형태가 아니라 다양한 제품의 샘플을 많이 보관하는 업무 특성을 반영하여 넓은 통짜 형태의 빈 공간의 수납공간을 제공하였다. 자리 주변의 통로를 잠식하던 샘플을 셀 내에 보관하도록 하여 외부 동선의 피해를 최소화할 수 있게 하였다. 수납에 최적화된 레이아웃을 만들기 위하여 셀 내에 회의 테이블을 따로 배치하지 않고 대신 프로젝트팀의 간단한 회의가 가능하도록 셀 외부에 회의 테이블을 제공하는 방식을 선택하였다.

넓은 작업면보다 수납공간이 더 중요하다면 책상 한쪽에 보조 상판 대신 상부 수납 가구를 조합하는 것도 가능하다.

맞춤 업무 공간 계획하기 6

직원이 선택하는 레이아웃

같은 팀 내에서도 업무 형태에 차이가 큰 조직이 있다. 가구 영업을 하는 F기업은 영업 조직 내의 업무 차이를 반영할 수 있는 레이아웃을 적용하고 싶었다. 영업 파트는 평소 외근이 많고 3~4명을 한 조로 편성하여 영업 실적을 관리하기 때문에 소통과 협업이 많지만, 영업 지원 파트는 외근이 없고 파트장의 업무 분배에 따라 제안서를 작성하거나 자료를 준비하기 때문에 개인 집중 업무가 주를 이룬다. 두 파트에게 하나의 원칙을 적용한 레이아웃을 제공하여 전체적으로 통일감 있는 배치를 원했지만, 업무 특성이 전혀 다른 두 파트를 모두 포괄하는 적당한 레이아웃은 쉽게 찾을 수 없었다.

이 문제는 직원들에게 레이아웃 결정의 자율성을 제공하는 방식으로 해결할 수 있었다. 전체적으로는 셀형 레이아웃을 구성하지만, 책상 배치는 직원이 선택할 수 있게 하였다. 이를 위해 바퀴가 달린 책상을 제공하여 자유롭게 이동할 수 있게 하였고 배선 기능이 추가된 파티션을 활용하여 전선 정리 고민 없이 책상을 움직일 수 있었다. 이러한 방식으로 직원들은 자신의 업무에 맞춰 직선형으로 배치할지 L형으로 배치할지 고를 수 있었다. 영업 파트는 주로 긴밀한 소통이 가능한 L형 배치를 선호하였고, 영업 지원 파트 중 집중이 필요한 사람은 일자형 배치를, 넓은 작업 면적이 필요한 사람은 L형 배치를 선호하였다.

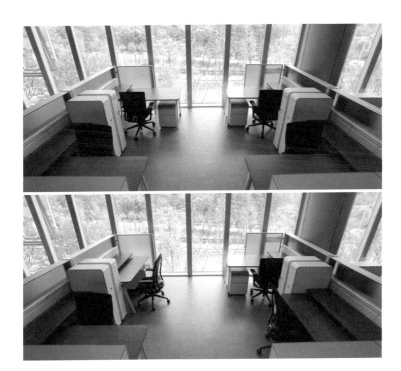

책상의 방향을 자유자재로 변경할 수 있는 가구를 사용한다면 배향형 레이아웃의 배치는 유지하면서
다양한 조합으로도 변경 배치가 가능하다.

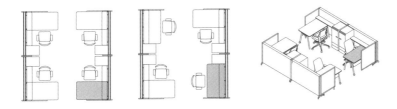

맞춤 업무 공간 계획하기 7

변화를 창조하는 레이아웃

조직 문화가 쉽게 변하지 않는 이유 중 하나는 변화의 흐름이 눈에 보이지 않는다는 점에 있다. 제조업 기반의 G기업은 공장 사무실은 보수적이라는 고정관념에서 탈피하여 보다 유연한 소통이 가능한 조직 문화가 정착되기를 원했다. 소통이 더 많이 일어날 수 있는 업무 공간을 만들고, 변동좌석제를 도입하여 직원들이 매일매일 자리를 깨끗하게 치우고 소지품을 개인 로커에 보관한 후 퇴근하는 유연한 업무 방식을 시작하고자 했다. 이 때문에 조직의 변화를 직원들이 눈으로 확인할 수 있는 새로운 오피스가 필요했다. 120° 책상을 배치하는 링크형 레이아웃은 우리에게 익숙한 직선형, 사각형 그리드가 아니기 때문에 공간 배치에도 더 많은 노력이 필요하고, 주의를 기울이지 않으면 다른 레이아웃에 비해 면적 효율이 낮아진다. 하지만 경영진은 링크형 레이아웃에서 느껴지는 독특한 이질감을 과감히 선택하여 직원들에게 기업의 변화 의지를 확실하게 표현하고자 하였다.

링크형 레이아웃은 실제로 소통에 매우 유리한 형태이다. 퍼시스의 공간 분석 프로그램을 이용한 분석 결과 링크형 레이아웃은 다양한 각도로 시선이 교차되기 때문에 주변의 시각적 정보를 받아들이는 수준이 다른 레이아웃에 비해 월등히 높았다. 여기에 파티션 대신 반투명한 스크린을 사용하고 측면 스크린은 삭제하는 등 직원과 직원 사이의 차폐물을 최소한으로 줄이는 방식으로 소통 가능성을 더욱 높였다.

120° 책상을 3개씩 이용해 배치한 링크형 레이아웃은 시선이 자유롭고 차폐물이 적어 주변과 소통하기 좋은 형태이다. 따라서 높은 소통과 커뮤니케이션이 필요한 조직에 적합한 레이아웃이다.

맞춤 업무 공간 계획하기 8

독립적인 1인 레이아웃

다른 사람과 함께 일하는 업무가 매우 적은 조직이 억지로 소통에 유리한 레이아웃을 선택할 필요는 없다. 영상 제작 및 편집을 주로 하는 H기업은 영상 편집 파트에 적용할 1인 단위의 업무 공간이 필요했다. 협업을 통해 영상의 방향과 분위기를 정하는 기획 업무와 달리 영상 편집은 한 사람이 오랫동안 집중하여 결과물을 만들어내는 것이 중요하기 때문이다. 이러한 업무 형태의 차이를 반영하여 다른 부서와 달리 편집 파트에는 독립형 레이아웃을 적용하기로 결정하였다.

우선 1인 단위의 독립된 업무 공간을 제공하기 위하여 약 1,500mm 높이의 파티션으로 워크스테이션을 감쌌다. 일반적으로 오피스에서는 약 1,200mm 높이의 파티션을 가장 많이 사용하는데, 이보다 훨씬 높은 파티션을 이용하여 충분히 집중할 수 있는 환경을 만들고자 했다. 그리고 여러 대의 컴퓨터와 모니터를 동시에 사용하는 경우가 많으므로 넓은 작업 면을 제공하기 위하여 약 1,800mm 폭의 넓은 L형 책상을 배치한 후 익스텐션까지 배치하여 작업 면적을 확장하였다. 수납의 요구가 적어 익스텐션 아래에 하부장을 배치하여 기본적인 수납공간을 제공하였으나, 더 넓은 수납공간이 필요한 경우 독립 공간 안에 캐비닛을 제공하는 방식으로 추가 수납공간을 제공하였다.

높은 파티션으로 구획된 독립형 레이아웃은 외부의 방해로부터 철저하게 독립된 집중을 위한 개인 업무 공간으로 계획하는데 가장 효과적이다.

 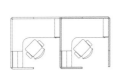 

회의실, 휴게실, 라운지 등 최근 오피스에는 과거에 비해 다양한 공간 프로그램이 계획되고 있지만, 직원이 가장 많은 시간을 보내는 곳은 단연코 내 자리다. 이 때문에 내 자리의 작은 불편함은 다른 어느 문제점보다 크게 다가오며, 미세한 어색함이 심각한 능률 저하로 이어지게 된다. 앞서 살펴본 8가지 맞춤 업무 공간은 모두 이유와 목적에 맞추어 레이아웃의 차이를 제공했다. 작업에 필요한 책상 면적, 업무 방식에 가장 적합한 수납 가구의 형태, 소통 수준에 적합한 차폐물의 차이를 통해 최적의 업무 공간을 만들어낼 수 있었다.

내 자리는 사람들이 가장 오랜 시간을 보내는 장소이며, 오피스 내에서 가장 넓은 면적을 차지하는 공간이다. 사실상 오피스의 주력이며 오피스 계획의 시작이 되는 공간이지만 의외로 많은 기업이 내 자리 계획의 중요성을 간과한다. 다양한 공간 프로그램을 준비하는데 정성과 노력을 쏟다가 내 자리 계획을 놓쳐버리는 것이다.

내 자리는 일종의 기초 체력이다. 아무리 좋은 장비를 갖춰도 기초 체력이 없으면 결승선까지 달릴 수 없다. 오피스에서 가장 중요하지만 쉽게 간과하는 내 자리. 이곳을 업무 특성에 맞춰 섬세하게 계획하는 것은 더 좋은 오피스를 만들기 위한 기초이다.

쾌적한 오피스 만들기

책상의 작업 면적도 충분하고 서랍도 넉넉하다. 레이아웃 역시 업무 형태에 맞게 골랐는데 왜 우리 오피스는 아직도 답답한 느낌이 드는 것일까? 좁고 답답한 오피스를 여유 있고 쾌적한 공간으로 바꾸고 싶다면 가장 먼저 '통로 환경'을 점검해보자. 그리고 우리 오피스가 제대로 된 통로 환경으로 계획되어 있는지 궁금하다면 'OPERA'의 도움을 받아 공간을 분석해보자.

- OPERAOffice Performance Evaluation Research Application는 퍼시스가 서울대학교 건축학과와 공동연구 개발하여 특허등록한 공간분석 프로그램이다.
- 오피스의 물리적 환경을 분석하여 공간 내부의 연결성, 공간 내부의 시지각 교류량을 계산해준다. 이를 통해 공간의 커뮤니케이션 가능성, 프라이버시 수준, 조닝 적합성, 동선 이용 효율성 등을 객관적으로 평가할 수 있다.
- 통로 및 여유 공간이 충분하지 않다면 쾌적한 사무환경을 만들기 어렵다. 통로의 폭은 유동 인구량에 따라 다르게 계획해야 하고 필요한 최소 통로 폭을 확보해야 한다.
- 한쪽에 캐비닛을 두고 두 사람이 넉넉하게 지나갈 수 있는 너비는 일반적인 통로보다 1,000mm 이상 넓어야 하며, 연속된 좌석 수가 많을수록 폭에 여유를 더 주는 것이 좋다.

1　　　오피스 권장 통로폭

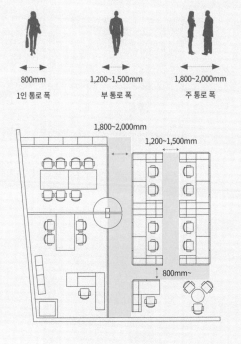

800mm
1인 통로 폭

1,200~1,500mm
부 통로 폭

1,800~2,000mm
주 통로 폭

1,800~2,000mm

1,200~1,500mm

800mm~

2　　　OPERA의 통행량 예측 스펙트럼은 붉을수록 통행량이 많고 푸를수록
　　　　통행량이 적다. 주 통로가 뚜렷하게 드러나고 업무 공간 내 통행량이 적어야
　　　　집중 업무에 유리한 배치이다.

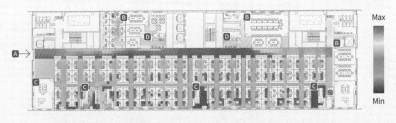

Max

Min

A 통로　B 회의실　C 임원 공간　D OA 및 탕비

사무실은 전적으로 인간에게 의존하는
작업 시스템이다.
인간 없이는 어떠한 작업도 수행할 수 없다.

-카를 안느 크뢰머, 『Office Ergonomics』

6

사무환경이
건강을 만든다

Wellbeing in the Workplace

직원의 건강이 기업의 경쟁력이다

IT기업 제니퍼소프트는 '건강한 노동과 근사한 삶'이라는 목표 아래 자유로운 출퇴근 시간, 아이를 낳으면 1천만 원 지급, 임직원과 가족이 함께 사용할 수 있는 사내 수영장, 입사 5년이 지나면 가족 해외여행 지원 등 직원들을 위한 복지 혜택이 가득하다. 오전 10시 출근, 오후 6시 퇴근이라는 근무 시간이 있지만, 개인의 상황에 따라 출퇴근 시간을 자유롭게 조절할 수 있다. 일단 출근을 하면 꼭 자기 자리가 아니라더라도 원하는 곳 어디서나 일을 할 수 있다. 직원들은 언제든지 동료와 산책을 하거나 카페에 앉아 이야기를 나누고 가끔은 회사 내 수영장에서 운동하며 스트레스를 해소한다.

이처럼 직원 복지에 많은 투자를 하는 기업이 한국에도 늘어나고 있다. 이들은 삶과 일의 균형을 이룰 수 있는 환경 속에서 최고의 결과물이 나온다는 경영 철학을 가지고 있다. 좋은 결과물은 좋은 아이디어에서 나오고 좋은 아이디어는 직원들의 행복한 삶에서 나오기 때문이다. 다시 말해 직원의 행복한 삶을 위해 노력하는 기업이 많아지고 있는 것이다.

직원들의 삶 전체를 고려하는 기업이 늘어나는 배경에는 우리의 삶이 직장과 떨어질 수 없는 관계라는 통찰이 자리 잡고 있다. 일본에서 '경영의 신' 중 한 명으로 통하는 교세라의 이나모리 가즈오 회장은 일이란 단순히 먹고살기 위한 도구가 아니라 삶의 가치를 발견하는 행동이라고 표현했다.[22] 사람은 일하면서 내적 성장과 성찰을 할 수 있고 부족한 부분을 채울 수 있으며 삶의 기회를 찾을 수 있다는 것이다. 이처럼 일이란 우리 삶의 중요한 부분이다. 일하는 순간이 행복해야 우리의 삶도 행복해진다는 인식이 확산되고 있다.

하루에 최소 8시간을 보내는 오피스는 업무 효율뿐만 아니라 구성원들의 건강과 심리적 안정까지 배려하는 장소가 되어야 한다. 사무환경은 단순히 일하는 공간이라는 물리적 의미를 넘어 우리가 살아가는 공간인 삶의 터전으로 새롭게 재구성되고 있다. 온종일 스트레스에 시달리는 공간이 아니라 일과 휴식의 균형이 맞춰지는 공간이 되어야 한다. 조금씩 몸이 망가지는 공간이 아니라 건강한 생활 습관을 기르는 공간이 되어야 한다. 벗어나고 싶은 공간이 아니라 머무르고 싶은 공간이 되어야 한다. 구성원의 건강을 배려한 사무환경에서 일하는 직원들은 업무와 회사에 더욱 만족하게 되고, 그렇게 만족도가 높아진

구성원들은 자기 일에 더욱 몰입하게 될 것이다.

스트레스를 줄여주는 재충전 공간 프로그램

업무 중 발생하는 적당한 스트레스는 긴장감을 유지하고 업무에 대한 몰입을 촉진하여 업무 효율을 높이는 데 도움을 준다. 하지만 과도한 스트레스가 지속되면 실수가 잦아지고 창의력이 줄어들며 업무 효율이 낮아진다. 업무 스트레스가 높을 때는 낮을 때에 비해 창의력의 절반도 채 발휘하지 못하고, 업무 스트레스가 해소된 뒤에도 그 여파가 지속되어 약 이틀간 창의력이 제대로 발휘되지 못한다고 한다. 따라서 최고의 업무 생산성을 원한다면 직원들의 스트레스를 적절히 해소할 수 있어야 한다.

이 때문에 오피스에서 스트레스를 이완할 수 있는 개인 휴식 공간이 많아지고 있다. 온종일 컴퓨터 앞에 앉아 작업하는 직장인들에게 가장 필요한 것은 두 다리 쭉 뻗고 쉴 수 있는 휴식이다. 이러한 휴식이 가능하려면 휴식 공간은 타인의 시선에서 잠시 벗어나 뻣뻣하게 굳은 몸을 스트레칭하고 온몸을 편안히 내려놓을 수 있는 공간이 되어야 한다. 이 때문에 목과 허리, 발을 편안하게 받쳐주는 1인용 휴게 소파는 개인 휴게실에 배치하기 가장 적합한 가구이다. 리클라이너라고 불리는 1인용 소파에 다리를 올려놓을 수 있는 작은 소파인 오토만을 함께 조합하여 배치하면 편안한 휴식공간을 만들 수 있다. 등받이와 다리 쿠션의 각도를 자동으로 조절하는 전동 리클라이너의 인기도 높아지고 있다.

이러한 개인 휴게실은 짧지만 깊은 휴식을 취할 수 있는 공간이 되어야 하므로 오피스 내의 위치 선정이 중요하다. 사람이 자주 다니는 출입구 근처나 동선이 혼잡한 곳은 피해야 한다. 또한 오픈 공간보다는 실로 구획하여 독립적인 공간을 마련해주는 것이 좋다. 구색만 갖춰진 휴게실이 아니라 직원들이 활발하게 사용하는 휴게실을 만들기 위해서는 업무 공간 못지않게 세심한 계획이 필요하다.

휴게 공간 외에도 직원의 건강을 위한 공간은 매우 다양하다. 야근과 철야가 잦은 기업에서는 수면실을 적극적으로 도입하고 있다. 밤샘 작업이 빈번한 개발 직종이나 방송 업무의 경우 침대가 배치된 수면실을 마련하여 철야 작업으로 쌓인 직원들의 피로를 풀어주고 있다. 반대로 짧은 낮잠 용도로 수면실을 도입하는 기업도 많다. 졸음이 오는 것을 참아가며 비효율적으로 일하는 것보다 짧은 낮잠을 잔 후 효율적으로 일하는 것이 더 낫다는 판단이다. 실제로 26분의 낮잠으로 업무

1 개인 휴게실에 1인용 소파를 함께 배치한다면 독립적이고 편안한 휴식이 가능하다. 2 소파와 발판
이 일체화된 1인용 리클라이너는 전동 사양이 적용될 경우 체형에 맞게 등판과 발판의 각도를 조절할
수 있어 편안하게 쉴 수 있다.

수행 능력이 34%, 집중력은 54% 늘어날 수 있다고 한다.[24] 가볍게 기대어 쉴 수 있는 소파를 배치해 짧은 수면을 취할 수 있는 공간을 만들거나 창문이 하나도 없는 암실을 만들어 푹 잘 수 있도록 공간을 계획하기도 한다.

건강관리실이나 체력단련실을 마련하여 직원들이 건강하게 근무할 수 있는 환경을 마련하는 기업도 많아지고 있다. 간단한 진료와 약을 제공하여 직원들이 최적의 컨디션을 유지할 수 있도록 지원하는 한편 피트니스 클럽을 오피스 내에 계획하고 전문 트레이너를 고용하여 직원들의 기초 체력을 관리하기 시작했다. 대규모 공간을 마련하기 어려운 기업에서도 간단한 트레이닝 기구를 배치하거나, 탁구대나 농구대 등을 마련하여 스포츠를 즐길 수 있게 공간을 계획한다. 계단실을 체력단련실로 활용하기도 한다. 계단을 자주 사용하지 않는 이유 중 하나는 몇 층을 내려가도 똑같은 풍경만 계속되는 단조로움이다. 이에 계단실의 조명을 밝게 바꾸고 인테리어 요소를 추가하여 걷고 싶은 공간으로 만든다. 여기에 계단을 오르내리면서 소모한 칼로리를 알려주어 계단 운동에 재미를 붙이게 해주는 인테리어도 많은 기업에서 채택한 아이디어다.

여성 직원이 많은 기업의 경우에는 모성보호실을 따로 계획하기도 한다. 직원들의 안정적인 근무 환경 조성을 위해 모성보호실 안에 유축용 집기를 배치하고 임신, 수유기 직원이 휴식을 취할 수 있는 환경을 마련한다. 실제로 근로기준법 제75조에 의하면 생후 1년 미만의

직원들의 휴식 및 재충전 공간으로 사용되는 제니퍼소프트의 카페테리아

유아가 있는 여성 근로자는 1일 2회 각 30분 이상의 유급 수유 시간을 가질 수 있으므로 정책에 발맞춰 공간을 변화하는 기업이 늘어나고 있다. 직원들의 자녀가 성장하여 임신, 수유 시기가 지나 활용도가 낮아진 모성보호실을 어린이집으로 변경하는 기업도 있다. 사내 어린이집은 아이를 데리고 출퇴근할 수 있으므로 여성 직원에게 최고의 복지라고 인정받고 있다.

그 밖에도 다양한 자료를 갖춰 직원들의 자기계발 공간으로 활용할 수 있는 라이브러리, 건강한 식사를 제공하는 카페테리아, 직원들 간의 친목을 장려하는 놀이 공간 등 다양한 공간이 생겨나고 있다. 이러한 공간은 직원들의 스트레스를 낮추고 건강한 삶을 보조하여 장기적으로 볼 때 우수 인력이 이탈하는 것을 방지하는 복지적 역할을 수행한다. 복지 공간은 업무 공간과 마찬가지로 기업의 특성을 고려하여 도입해야 한다. 다른 기업이 도입한 이유를 면밀히 분석하여 직원들의 삶에서 가장 필요한 공간이 무엇인지 파악하여 계획해야 한다. 그렇지 않으면 직원들이 제대로 사용하지 않아 활용도가 낮은 무용지물이 되어버린다.

건강을 챙겨주는 인체공학적 가구

요즘에는 서서 일하는 방식이 이슈다. 앉아서 보내는 시간이 많을수록 건강에 적신호가 켜진다는 연구 결과가 언론을 통해 방영되었기 때문이다.[25] 실제로 앉아서 보내는 시간이 많은 사람은 그렇지 않은 사람들보다 당뇨병 발생 위험은 112%가 높고 심혈관 질환 발병 위험은 147%나 높다.[26] 이러한 연구 결과는 대부분 시간을 앉아서 일하는 사무직 직장인의 경각심을 일깨웠고 새로운 업무 방식을 생각하게 했다.

이 때문에 서서 일하는 방식이 새로운 업무 방식으로 주목받았다. 서서 일하는 방식은 현대인에게는 생소하지만 18~19세기 유럽에서 이미 사용했던 방식으로 윈스턴 처칠과 어니스트 헤밍웨이가 애용한 것으로 알려져 있다. 약 700mm 높이의 기존 책상 대신 약 1,000mm 높이의 책상을 마련하여 의자에 앉지 않고 일어선 채로 일을 하는 것이다. 1분당 평균 심장박동수는 앉아서 일할 때보다 서서 일할 때가 약 10회 정도 빠르다.[27] 이는 1시간에 50kcal를 소모하는 수준으로 서서 일할 때 당뇨와 비만 등 대사증후군에 걸릴 위험이 낮아진다는 것을 의미한다.

하지만 하루에 8시간 이상 서서 일하는 것은 체력적으로 부담이 된다. 또한, 너무 오랫동안 서 있으면 하지 정맥류와 같은 혈액순환 장애의 위험이 커진다. 이 때문에 오피스에서는 높이를 조절할 수 있는 책상이 새로운 대안으로 떠올랐다. 직원이 앉아서 일하는 시간과 서서 일하는 시간을 조절할 수 있어 자신의 신체 리듬에 맞춰 일할 수 있기 때문이다. 오랜 시간 한가지 자세를 유지하는 것보다 앉은 자세와 서 있는 자세를 번갈아 사용한다면 더욱 건강하게 일할 수 있다. 또한, 높이 조절 책상은 앉아서 일할 때도 내 체형에 최적화된 높이를 설정할 수 있어서 바른 자세를 유지하는 습관을 만들 수 있다.

높이 조절 책상 사용이 보편화된 유럽은 해외에 진출한 자사 오피스에 높이 조절 책상 사용을 권장하였다. 이 때문에 높이 조절 책상을 가장 먼저 사용한 오피스는 주로 외국계 기업이었다. 하지만 건강에 대한 관심이 커지면서 높이 조절 책상을 사용하는 국내 기업이 늘어나고 있다. 처음에는 연구, 개발과 같은 직군이나 팀장석에 우선적으로 적용하는 기업이 대부분이었으나, 요즘에는 직원석 전체를 높이 조절 책상으로 구성하는 기업도 쉽게 찾아볼 수 있다.

이렇게 건강을 위해 서서 일하는 사람이 점차 많아지고 있지만,

1 높이 조절 책상은 연구, 개발과 같은 직군이나 팀장석에서 먼저 사용되었다. 2 전 직원에게 높이 조절 책상을 지급한다면 책상에 붙어서 함께 높이 조절이 가능한 가벼운 스크린을 사용하는 것이 좋다.

대부분 직장인은 여전히 오랜 시간 앉아서 일한다. 직장인의 대표 직업병은 척추 질환이다. 한국인 4명 중 1명은 척추 질환으로 진료를 받았고 이 중 20대에서 40대의 환자는 전체의 42.2%라고 한다.[28] 병의 원인은 잘못된 자세나 무리한 운동이었다. 특히 잘못된 자세로 유명한 '거북목 증후군'이 30대 이하의 젊은 층에서 두드러지게 발견되었다. 거북목 증후군은 목이 거북이처럼 몸의 앞쪽으로 기울어진 증상인데 목에 걸리는 하중이 증가해 목과 어깨 통증은 물론이고 두통과 치통까지 유발하게 된다.

사실 척추는 신체 중 특별히 약한 부분이기 때문에 세심한 관리가 필요하다. 사람은 직립보행을 하면서 두 손의 자유를 얻었지만, 그 대신 척추에 체중이 쏠리면서 요통 및 척추 질환에 취약해졌다. 그런데 문제는 척추에 가는 부담은 서 있을 때보다 의자에 앉아 있을 때 훨씬 높다는 점이다. 똑바로 서 있을 때는 척추가 S자 형태를 만들어 체중을 분산시키지만, 의자에 앉으면 척추의 S자 형태가 변형되어 목과 허리에 압력이 증가한다. 압력이 장기간 지속되면 요추 디스크 내 수핵이 파열되어 염증을 일으키거나 인대 손상이 오면서 척추 질환이 발생한다.

따라서 척추 질환을 예방하려면 앉아 있을 때 바른 자세를 유지하는 것이 가장 중요하다. 척추를 S자로 유지하고 체중이 허리에 집중되지 않는 자세가 되어야 한다. 목은 C자형 곡선을 그려야 하며 머리가 몸의 앞쪽으로 기울어지지 않도록 해야 한다. 하지만 이러한 자세를 하루 종일 유지하는 일은 쉽지 않다. 이 때문에 좋은 의자를 이용해 척추

허리를 받쳐주는 요추지지대

허벅지를 받쳐주는 포워드 틸팅

몸 전체를 받쳐주는 등판

상체를 받쳐주는 팔걸이

어떤 자세를 취해도 건강을 해치지 않는 의자가 인간공학적으로 우수하다.

에 좋은 자세로 교정하는 것이 좋다.

허리를 꼿꼿이 세우고 앉는 것만이 바른 자세는 아니다. 오히려 한가지 자세만 고집하며 몸을 전혀 움직이지 않는다면 하체의 혈액순환이 저하되어 쉽게 피로를 느끼고 스트레스를 받게 된다. 따라서 상체나 하체를 가볍게 흔들거나 몸에 무리를 주지 않는 선에서 여러 자세를 편안하게 취해 척추에 가해지는 체중을 의자에 분산시켜야 한다. 이 때문에 좋은 의자는 사람의 다양한 자세와 움직임에 맞춰 신체를 골고루 받쳐주되 척추와 신체에 좋은 자세를 유지할 수 있게 해야 한다. 의자는 허리를 단단하게 지지해야 하며 헤드레스트가 설치되어 있어 머리를 기댈 수 있어야 한다. 그리고 모든 부위를 사용자의 신체에 맞춰 조절할 수 있어야 한다. 의자의 높이나 좌판의 깊이, 팔걸이의 높이 등을 조절하여 키와 체격이 다른 사람들이 자신의 몸에 딱 맞게 의자를 세팅하여 사용할 수 있어야 한다.

이처럼 가구는 우리 몸에 직접 맞닿아 우리의 자세와 생활 습관을 만들어준다. 그러므로 가장 직접적으로 직원들의 건강을 챙길 수 있는 사무환경 요소는 바로 좋은 책상과 의자이다. 인간공학적으로 계획된 건강한 사무환경은 개인의 건강과 스트레스 관리에도 중요한 역할을 하며 장기적으로 볼 때 질병으로 인한 업무 집중도 감소나 병가로 인한 경력 단절을 막아준다. 또한, 높이 조절 책상이나 좋은 기능의 의자를 사용하는 것은 직원의 심리적인 동인이 되어 생산성 향상에 강한 영향을 준다. 실제로 최고급 의자를 전 직원에게 제공한다는 사실 그 자체로 기업의 브랜딩 요소가 된다. 건강한 가구를 제공하는 것은 곧 기업이 직원들에게 건강한 삶과 쾌적한 업무환경을 통해 인적 자원을 존중하고 배려한다는 직접적인 메시지이다. 이처럼 구성원들의 만족도를 높여주는 좋은 사무환경은 기업 성과를 끌어올리는 데 긍정적인 영향을 준다. 그리고 기업의 높은 생산성과 성과는 다시 직원들을 위한 재투자로 이어지는 선순환이 된다.

오피스 인테리어에도 건강을 담는다

1984년 미국의 환경 심리학자 로저 울리히Roger Ulrich는 '창문으로 자연 풍경을 내다볼 수 있는 환자가 콘크리트 벽을 보는 환자보다 기분이 좋아지고 빨리 회복한다.'는 내용의 실험 결과를 발표했다.[29] 이처럼 공간을 계획할 때는 그 안에 머무르는 사람들이 즐겁고 건강하게 지낼 수 있도록 해야 한다.

하루 중 대부분 시간을 오피스에서 보내는 직장인들은 오랜 시간 동안 개인 업무뿐만 아니라 회의도 하고 동료들과 이야기를 나누며 개인의 발전을 위한 자기 계발까지 한다. 이제 오피스는 기능에만 초점을 맞춘 삭막한 공간에서 벗어나고 있다. 오피스는 집보다 더 많은 시간을 보내는 제2의 핵심 주거공간이 되었고, 이에 따라 내 집 같은 오피스, 홈 라이크 오피스Home like Office가 하나의 트렌드로 자리 잡게 되었다.

부드럽고 따뜻한 소재와 밝은 컬러는 집처럼 편안한 분위기를 연출할 수 있는 오피스 가구의 새로운 트렌드이다.

홈 라이크 오피스는 내 집처럼 따뜻하고 편안한 감성을 느낄 수 있는 오피스이다. 집에서 느껴지는 '따뜻함'과 '편안함'이라는 감정을 고스란히 오피스에 가져와 일터가 점점 집과 가까운 형태로 변해가고 있다. 실용적이지만 편안하고, 편리하지만 아름다운 공간으로 거듭나는 것이다. 집과 같이 편안하고 따뜻한 감성의 오피스에서는 과거와 다른 형태의 가구가 나타나기 시작했다. 거실의 TV 앞에 있으면 좋을 듯한 푹신한 소파, 직선이 거의 없는 곡선형 테이블, 장난감같이 둥글둥글한 스툴도 이제는 오피스에서 쉽게 볼 수 있다.

형태적으로 부드러운 디자인뿐만 아니라 촉감적으로도 따뜻한 소재를 적극적으로 활용한다. 과거에는 철재나 플라스틱같이 깔끔하고 매끈한 소재가 중심이었다면 이제는 부드러운 패브릭 소재가 많아지고 있다. 가죽 소재의 소파뿐만 아니라 패브릭 소재의 소파가 많아지고 있으며, 사무용 의자나 스툴에도 다양한 컬러의 패브릭이 사용되어 따뜻한 공간 분위기를 만들고 있다. 홈 라이크 오피스의 흐름과 함께 휴게용 가구나 데스크 스크린과 같은 부분에 특유의 포근한 질감을 표현해주는 펠트 소재도 조금씩 활용되기 시작했다.

컬러 역시 이전과 다른 분위기로 변화했다. 흰색과 회색만 사용하던 오피스에 다채로운 컬러가 사용되기 시작했다. 오피스 가구 곳곳에 컬러가 적용되면서 이제는 책상과 패널의 컬러 배합만으로도 오피스의 분위기를 놀랄 만큼 새롭게 바꿀 수 있게 되었다. 이러한 경향은 한국뿐만 아니라 세계 여러 시장에서도 꾸준히 나타나고 있다. 매년 6

다양한 컬러가 적용된 패브릭 소재의 커뮤니티 체어는 기능뿐만 아니라 색다른 분위기를 연출하는 디
자인 포인트로도 활용할 수 있다.

월 시카고에서 열리는 북미 최대의 오피스 전시회 네오콘NeoCon은 독일의 오르가텍Orgatec과 더불어 전 세계 사무 가구의 흐름을 읽을 수 있는 주요한 전시로 손꼽히고 있다. 최근 5년간 네오콘의 트렌드는 강렬한 포인트 컬러 방식에서 조화로운 컬러 조합으로 이동하고 있다. 명도는 높아지고 채도는 낮아지면서 전체적으로 파스텔톤의 색상이 인기를 얻고 있는데, 이러한 추세는 집과 같은 따뜻한 감성을 오피스에 적용한다는 홈 라이크 오피스의 트렌드에 부합한다.

한 걸음 더 나아가 스테디셀러를 리뉴얼하여 재출시하는 가구 회사도 많아지고 있다. 제품 디자인의 기본적인 형태는 유지하면서 컬러와 소재, 마감 방식을 재조합하면 이전과는 또 다른 제품으로 재탄생하게 된다. 스테디셀러의 디자인을 사랑하는 고객들에게는 새로운 경험을 제공하고 가구 회사는 신규 매출을 창출할 기회가 되는 것이다. 블랙 프레임 의자를 화이트 프레임으로 리뉴얼하면서 파스텔톤 좌판을 새롭게 선보이거나, 기존과 다른 분위기의 컬러 옵션을 추가하여 재출시하는 등 다양한 컬러를 오피스에 제안하는 흐름은 꾸준히 이어지고 있다.

집과 같이 편안하고 따뜻한 감성의 오피스를 만들기 위해서는 가구뿐만 아니라 조명, 내부 마감재와 같은 인테리어 요소 또한 고려해야 한다. 식물을 배치하는 것도 좋은 대안이다. 오피스에 배치된 녹색 식물은 구성원들의 업무에 긍정적인 영향을 끼친다. 실제로 식물을 배치해놓은 그린 오피스는 직원들이 일에 더 몰입할 수 있도록 돕는다. 엑세터 대학 심리학자 연구팀의 연구 결과에 따르면 식물이 배치된

오피스 곳곳에 식물을 배치하면 직원들이 일에 더 몰입할 수 있다.

오피스는 구성원들의 행복감을 증진시켜 생산성을 15%까지 높인다고 한다.[30] 실험은 업무 공간에 잎이 넓은 식물을 오피스 곳곳에 배치하여 실험 참가자가 각각의 자리에서 적어도 2개 식물을 볼 수 있도록 했다. 실험 결과, 참가자들은 기억력과 기초 능력 향상과 같은 효과를 보였다. 또한, 식물이 전혀 없는 업무 공간에 비해 사무환경 만족도는 40%나 높았다. 식물을 활용한 사무환경에 대한 투자가 구성원들의 정서적인 만족도 증가, 그리고 생산성 향상이라는 결과를 만들어낸 것이다.

이처럼 직원들은 딱딱하고 경직된 오피스보다 좀 더 편안하고 건강하게 꾸며진 오피스에서 더욱 큰 만족감을 느낀다. 여기에 직원들이 공간을 직접 꾸밀 수 있는 자율성까지 준다면 그 행복은 배가 된다. 사람들은 스스로 관여하고 제어할 수 있는 것에 더 큰 관심과 애정을 느끼기 때문이다. 이렇듯 건강한 사무환경을 만드는 방법은 오피스 안에서 살아가는 직원들의 삶에 초점을 맞추는 것에서부터 시작할 수 있다. 건강한 직원이 최고의 성과를 낼 수 있다는 경영 전략으로 건강한 오피스를 만들어 나가야 한다.

일반 바닥재에 녹색 바닥재를 일부 조합하는 것만으로도 간단하지만 색다른 느낌의 그린 인테리어를
시도해볼 수 있다.

오피스에 적합한 컬러 찾기

홈 라이크 오피스가 대세라고 하여 다양한 컬러를 적용하는 기업이 많아진다고 하는데 우리 회사에는 어떤 컬러가 어울릴까? 흔히 컬러 선택이란 감성의 영역이라고 부르며 개인의 취향, 아니면 안목의 차이라고 말하곤 한다. 하지만 컬러 역시 객관적이고 이성적인 방법으로 선택할 수 있다. 여기에 기업의 브랜드 메시지를 전달하고 구성원의 워크 스타일에 부합하는 오피스 컬러 테마를 준비하였으니 우리 조직에 어울리는 테마를 선택해보자.

- 사무공간에서 활동하는 사람들의 기본적인 성향, 업무 태도, 협업 방식, 기호 등을 심층 분석하여 기업의 종류를 총 4가지로 분류한다.
- 4가지 기업의 스타일을 효과적으로 표현할 수 있는 컬러를 선정한 후 이를 일관성 있는 컬러 테마로 정리하였다. 4가지 컬러 테마 Natural, Classic, Pop, Casual은 컬러는 물론이고 소재와 공간 분위기 전체를 아우른다.
- 부드러운 파스텔톤 컬러를 사용하여 고요하고 정적인 분위기를 연출하는 Natural 테마, 차분한 분위기와 전문적이고 체계적인 이미지의 Classic 테마, 활기 넘치고 열정적인 분위기의 Pop 테마, 창의적이고 즐거운 분위기의 업무 공간을 만드는 Casual 테마에 맞춰 공간을 계획할 수 있다.

Natural

생활을 분석하는 남다른 통찰력

디지털 세상 뒤에 숨어있는 따뜻한 이상을 추구하는 사람들이다.

사회적 책임을 다하는 / 따뜻한 생각을 하는 / 밝고 부드러운

Classic

미래를 준비하는 체계적인 생각

완벽한 결과를 위해 효율적으로 일하기를 즐기는 사람들이다.

전문적인 / 체계적인 / 고급스럽고 세련된

Pop

내면에 숨겨진 개성을 표현하는 아이디어

미래에 대한 예리한 호기심, 창조하는 일에 에너지를 가진 사람들이다.

트렌드를 선도하는 / 개성적 / 강렬한

Casual

일상을 변화시키는 자유분방한 마음가짐

서로를 위하는 격려와 마음을 나누며 함께 일하는 것을 즐거워하는 사람들이다.

자유롭고 창조적인 / 즐거운 / 활기찬 / 빈티지

office we live, office we love.
우리가 살아가는 오피스, 우리가 사랑하는 오피스.

Epilogue
더 좋은 오피스를 꿈꾸는 당신에게

중이 제 머리 못 깎는다는 말이 있습니다. 아무리 전문가라고 해도 정작 자기 일이 되면 완벽하게 해내기 힘들다는 뜻의 속담인데, 사무환경 개선 역시 마찬가지라고 생각합니다. 내 회사라서, 우리 조직이라서 생기는 여러 사정 때문에 사무환경 개선을 쉽게 진행하지 못하는 경우가 참 많습니다.

가장 큰 문제는 익숙함입니다. 길게는 10년 넘게 사용해온 오피스이기 때문에 뭔가 문제가 있어도 이미 사람들이 불편에 적응해버렸을 가능성이 큽니다. 직급별 워크스테이션을 요구한 기업은 수평적인 업무 공간을 보고 이런 오피스가 가능할 줄 몰랐다고 감탄했습니다. 회의실에는 아무 문제가 없으니 지금과 똑같이 해달라고 자신하던 기업 역시 국내 평균에 비해 자사 회의실이 터무니없이 부족하다는 비교 결과를 듣고 회의 공간의 비중을 크게 늘렸습니다. 이처럼 사무환경 개선은 객관적인 시각으로 오피스를 정확하게 평가하는 것에서 시작합니다.

또 다른 문제는 망설임입니다. 조직의 정보를 너무 많이 알기 때문에 섣불리 업무 공간에 변화를 가져오지 못하는 경우가 많습니다. A팀과 B팀 사이에 커뮤니케이션이 가장 활발하므로 이들을 함께 배치하는 것이 좋지만, 그래도 A팀은 오랫동안 C팀과 함께 배치했다는 사실 때문에 갈등이 생깁니다. 과연 이렇게 바꿔도 괜찮을까? 한 번도 해보지 않은 일이기 때문에 망설임은 더욱 커집니다. 그래서 사무환경 개선은 전문가의 입으로 새롭게 나아갈 오피스의 방향을 명확하게 제시하며 마무리됩니다.

익숙함과 망설임은 넘기 어려운 장벽입니다. 하지만 모두의 힘을 모아 이 장벽을 넘어서야 더 좋은 사무환경으로 변할 수 있습니다. 여기에 객관적인 분석과 정확한 실행 계획을 갖춘 전문가가 함께한다면 더욱 좋을 것입니다. 우리가 만들어낸 사무환경 컨설팅 프로세스는 많은 고객에게 큰 도움이 되었습니다. 진단부터 개선안까지 단계별로 나누어진 프로세스를 통해 시작 방법을 몰라 고민하던 사람들에게, 시작은 했으나 분석에서 애를 먹던 사람들에게, 그리고 분석 결과를 공간으로 풀어내지 못해 골머리를 앓던 사람들에게 해결의 돌파구를 제공할 수 있었습니다.

컨설팅의 시작은 진단입니다. 공간에서 일하는 방식을 파악하기 위해 관찰 조사를 하고, 관찰을 통해 얻을 수 없는 정보는 설문조사와 인터뷰를 통해 얻습니다. 두 번째 단계는 분석입니다. 외부인의 시선으로 바라본 모습과 내부인의 이야기를 정리하여 Work DNA를 찾아냅니다. 세 번째는 공간 구성 원칙 수립입니다. 앞으로 공간을 어떻게 운영할지 규칙을 정하고 방향성을 수립합니다. 마지막으로 도면을 그리고 상세 개선안을 작성하면 사무환경 컨설팅은 마무리됩니다.

　　이 중에서 우리가 가장 좋아하는 단계는 공간 구성 원칙을 수립하는 단계입니다. 특히 공간 구성 원칙을 처음으로 제안하는 보고 자리를 좋아하는데, 이곳은 공간 활용의 청사진을 처음 선보이는 자리인 만큼 언제나 격렬한 토론이 벌어지기 때문입니다. 우리의 제안을 어느 정도 범위에서 어떤 속도로 받아들일 것인가? 오피스는 모두가 함께 살아가는 공간인 만큼 전사적인 합의를 도출하기 위한 갑론을박이 시작됩니다. 변동좌석제를 전사가 아니라 일부 부서에만 적용해야 하는 것은 어떤가? 기존에는 임원이 한 장소에 모여있었는데 실무를 많이 맡은 임원부터 시범적으로 직원 좌석 옆으로 분산 배치하는 것은 어떤가? 전 부서가 회의실을 공유한다면 부서 간의 갈등과 불편함이 생길 수 있는데 다시 한번 고려해야 하는 것은 아닌가? 수많은 질문이 쏟아지고, 이에 대한 대답이 치열한 공방을 펼칩니다.

　　이토록 많은 사람이 공간과 환경이 조직에 미치는 영향에 대해 열과 성을 다해 의견을 내는 순간이 또 있을까요? 지금까지 주어진 그대로 공간을 사용해왔던 사람들이 이제는 더 좋은 업무 성과를 내기 위하여 어떻게 공간을 활용할지 고민하기 시작합니다. 왜 이런 공간이 필요한지 질문하고, 왜 이런 배치를 해야 하는지 질문합니다. 타당한 이유 없이 "과거에도 이렇게 했으니까요."라는 대답은 통하지 않습니다. 근거, 이유, 그리고 기대 효과. 이렇게 철저한 검증을 통해 공간 구성 원칙이 만들어집니다.

이 때문에 사무환경 컨설팅은 사람들의 행동을 예측하는 질문의 연속입니다. 공간을 이렇게 배치하면 우리가 생각한 대로 사람들이 움직여 줄까? 우리가 계획한 대로 사람들이 공간을 사용해 줄까? 이렇게 만들어놨는데 아무도 이곳을 사용하지 않으면 어떻게 하지? 그렇다면 공간의 활용도를 높이기 위해 어떤 장치를 추가해야 할까? 수많은 질문이 나오지만, 대답은 언제나 하나입니다. '기업의 Work DNA를 살펴보라!' 의문이 생길 때마다 우리는 기업의 일하는 방식을 대입하여 공간을 평가합니다. 그리고 부족한 부분은 채워 넣고 어색한 부분은 수정하면서 공간 구성 원칙을 완성합니다. 그래서 실제 도면을 작성하고 상세 계획안을 완성하는 일은 원칙을 세우는 일에 비하면 오히려 수월합니다. 이미 정해진 원칙을 도면상에 표현하는 기술적인 문제이기 때문입니다.

정말로 사무환경을 개선하면 실적이 좋아질까요? 사무환경 컨설턴트가 굉장히 많이 받는 질문입니다. 이 질문에 대한 우리의 대답은 Yes & No입니다. 사무환경은 분명 업무 성과를 개선할 수 있는 경영 전략 중 하나입니다. 하지만 인사나 회계, 생산관리, 마케팅과 같이 여러 분야의 경영 전략과 마찬가지로 하나만 개선한다고 하여 그 효과가 바로 나타난다고 말할 수는 없습니다. 마치 직원의 낡은 컴퓨터를 새 컴퓨터로 바꿔주면 다음 해 영업 이익이 2배로 늘어난다고 말할 수 없는 것과 마찬가지입니다.

하지만 사무환경은 많은 기업에서 간과하고 있는 경영 전략이라는 점에서 그 의미를 찾을 수 있습니다. 국내 대기업 종사자 약 6,000명을 대상으로 진행한 설문분석 결과 역시 사무환경 만족도와 업무 및 조직 만족도 사이에는 높은 상관관계[31]가 있다고 말합니다. 두 항목 간 명확한 인과관계가 밝혀진 것은 아니지만 적어도 좋은 사무환경과 업무 및 조직 만족 사이에는 유의미한 상관관계를 가지고 있다고 볼 수 있습니다. 좋은 사무환경은 업무가 효과적으로 진행되도록 도와주고 직원들의 애사심을 높여 업무 몰입을 높여주는 경영 혁신의 핵심 변수입니다. 어쩌면 지금까지의 경영 전략에서 부족했던 마지막 한 조각은 그 전략을 실제로 실행해나갈 직원들이 일하는 사무환경이었을지도 모릅니다.

컨설팅이 끝나면 제안한 사무환경 개선안이 실제 오피스로 만들어집니다. 우리는 직원들이 공간을 어떻게 사용하는지 궁금하여 담당자에게 후일담을 물어보곤 합니다. 신기하게도 후일담의 모습은 대부분 비슷한 구조입니다. 처음에 직원들은 새로운 환경에 당황하여 우왕좌왕합니다. 하지만 이들은 예상보다 빠르게 새로운 사무환경에 적응합니다. 상세한 방법을 알려주지 않아도 자연스럽게 공간을 사용하고 때로는 창의력을 발휘하여 저희가 생각하지도 못한 멋진 공간 활용 방법을 찾아냅니다. 더 많이 소통하고, 더 자주 협업하고, 더 깊이 몰입할 수 있는 환경에서 직원들이 즐겁게 일하고 있다는 이야기는 들어도 들어도 질리지 않는 최고의 칭찬입니다.

자주 생각합니다. 이러한 기쁨을 더 많은 사람이 누리면 좋겠다. 더 많은 사람이 좋은 환경에서 멋지게 일할 수 있으면 좋겠다. 그래서 우리는 사무환경을 연구합니다. 우리가 먼저 고민해야 더 많은 사람에게 좋은 오피스에 대해 알려드릴 수 있기 때문입니다. 우리는 길잡이입니다. 여러분이 가는 길에 도움을 드리는 사람들입니다. 혹시 어려운 일이 생겼을 때 우리를 찾아주세요. 언제나 최고의 지식으로 여러분을 맞이하겠습니다.

더 좋은 오피스를 꿈꾸는 여정, 함께 시작하실래요?

퍼시스 사무환경기획팀 드림

참고문헌

1   OECD 「http://stats.oecd.org/Labour Force Statistics」 2016.

2   장동국 편저, <21세기를 향한 오피스의 계획·설계>, 서우문화사, 1993.

3   김정남, <IT 슈퍼리치의 조건>, e비즈북스, 2012.

4   톰 캘리·조너던 리트맨, <유쾌한 이노베이션>, 세종서적, 2002.

5   http://www-03.ibm.com/ibm/history/ibm100/us/en/icons/innovationjam/
    2017년 7월 접속

6   MORTEN T. HANSEN, <COLLABORATION>, 교보문고, 2011.

7   천의영·이동우 저, <그리드를 파괴하라>, 세종서적, 2016.

8   상공회의소, <국내기업의 회의문화 실태와 개선해법>, 2017.

9   퍼시스, <디스플레이 유무에 따른 회의실 사용률 조사 보고서>, 2014.

10 김영한, <굿바이 잭 웰치>, 리더스북, 2006.

11 김동철, <우연을 성공으로 만드는 힘 : 세렌디피티(Serendipity)>, 삼성경제연구소, 2013.

12 Jason Owen-Smith, <Shared Paths to the Lab : A Sociospatial Network Analysis of
    collaboration>, Environment and Behavior, 2013.

13 토마스 앨런·군터 헨, <성공하는 기업 조직과 사무공간(Managing the Flow of Technology)>,
    퍼시스 북스, 2008.

14 천의영·이동우, <그리드를 파괴하라>, 세종서적, 2016

15 스티븐 존슨, <탁월한 아이디어는 어디서 오는가>, 한국경제신문, 2012.

16 Steelcase, <Engagement and the Global Workplace>, 2014.

17 Victor M. González·Gloria Mark<Constant, Constant, Multi-tasking Craziness:
    Managing Multiple Working Spheres>, CHI 2004, 2004.

18 톰 켈리·조너던 리틀맨 저, <유쾌한 이노베이션>, 세종서적, 2012.

19 Gensler, <US Workplace Survey>, 2013.

20 Congrong He·Lidia Morawska·Len Taplin, <Particle Emission Characteristics of
    Office Printers>, Environ. Sci. Technol., 2007.

21 SBS스페셜, <행복 공간 찾기>, 동명대학교 의용공학과 강성철 교수 실험, 2015.

22 이나모리 가즈오, <왜 일하는가(働き方)>, 서돌, 2010.

23 테레사 M. 아마빌레, <심리학의 눈으로 본 창조의 조건>, 21세기북스, 2010.

24 Rosekind, M.R.·Graeber, R. C.·Dinges, D.F.·Connel, L.J.·Rountree,
   M. S and Gillen, K., <Crew Factors in Flight Operations IX : Effects of Planned Cockpit
   Rest on Crew Preformance and Alterness in Long-Houl Operations (NASA Technical
   Memorandum 108839). NASA Ames Research Center, California, 1994.

25 KBS 다큐멘터리, <생로병사의 비밀-앉지 말고 일어서라>, 2014.

26 Wilmot E, Edwardson C·Achana F, et al., <Sedentary time in adults and the association
   with diabetes, cardiovascular disease and death: systematic review and
   meta-analysis>, Diabetologia, 2012

27 BBC Magazine, <Calorie burner: How much better is standing up than sitting?>, 2013

28 건강보험심사평가원, <IT 기술은 청신호, 목 건강은 적신호>, 보도자료, 2016.

29 콜린 앨러드, <공간이 사람을 움직인다>, 더퀘스트, 2016.

30 J. Marlon Nieuwenhuis et al. <The Relative Benefits of Green Versus Lean Office Space:
   Three Field Experiments>, Journal of Experimental Psychology, 2014.

31 r=0.51. 퍼시스, <Korea Office Code : 사무환경지수 보고서>, 2015.

집필진 소개

박정희
연세대학교 실내건축학과 및 동대학원 공간디자인 석사 졸업
20년 간 퍼시스에서 한국의 사무환경 연구를 진행했다. 트렌드 연구, 제품 개발, 세미나 강연, 산학 협력 등의 다양한 프로젝트를 총괄했다.

이다정
연세대학교 실내건축학과 졸업
사무환경을 설명하는 객관적 표현법을 연구했다. 2014년 퍼시스 공간데이터베이스를 개발하여 사무환경의 수치적 비교 방법을 정립하였으며 이러한 연구 결과를 바탕으로 오피스 연구 자료 집필 및 다수 기업과의 사무환경 컨설팅을 수행했다.

전경진
경희대학교 주거환경학과 졸업
사무환경에 대한 다양한 연구를 수행했으며, 사무환경의 물리적 특성이 사용자의 인식과 업무몰입에 미치는 영향을 중심으로 연구를 전개했다. 2009년 사무환경컨설팅을 론칭하였고 사무환경의 분석 시스템과 그 방법에 대하여 특허를 출원했다.

최효진
고려대학교 건축학과 및 동대학원 도시계획 및 설계 석사 졸업
오피스를 중심으로 한 다양한 범위의 연구를 담당했다. 오피스 사무환경에 영향을 미치는 사회적, 물리적 특성의 이론 연구를 진행했으며 아모레퍼시픽·두산 등의 사무환경 컨설팅과 조직 문화·오피스 음환경 등의 연구를 진행했다.

목훈문화사

목훈문화사의 '목훈木薰'은 나무가 타면서 나는 나무 연기의 향이라는 의미에서 영감을 받았습니다. 스스로를 태워 주변을 따스한 온기와 그윽한 향으로 가득 채우는 나무처럼, 책을 통해 가치 있는 이야기를 전하고자 합니다. 목훈문화사는 새로운 시각, 깊은 통찰, 따스한 온정을 나누며 독자 여러분과 함께 성장하고, 영감을 나누는 여정을 이어갑니다.

사무환경 디자인의 시작
사무환경이 문화를 만든다 Vol.1

2024년 10월 1일 초판 발행

지은이 퍼시스
펴낸이 이종태
펴낸곳 목훈문화사
등록 제2023-000098호(2023년 7월 11일)
주소 서울특별시 송파구 오금로 311
이메일 mokhoonpublishing@fursys.com

편집·디자인 스튜디오 바프
출력·인쇄 타라TPS

ISBN 979-11-985196-3-4
ISBN 979-11-985196-2-7 (세트)

목훈문화사